手ぬいでかんたん、ほどかずできる きものリメイク

高橋恵美子

はじめに

手ぬいを始めたのは45年も前のことです。
幼かった我が子の服作りがきっかけでした。
手を動かすのは、
夜、子どもを寝かし付けて一息ついてから。
ミシンを使うとその音で起こしてしまうから
静かにできる手ぬいを選んだのです。
布と糸と針さえあれば、テーブルの小さなスペースで
好きな時間にできるのがありがたかった。
疲れていても、ちくちくぬっていると気持ちが安らいで
その時間がとても大切なものになっていきました。

それから、小物や大人の服も手掛けるようになりましたが
どんなものを作るときもやっぱり手ぬい。
本書では、きものを〝ほどかずに〟リメイクした
手ぬいの服を紹介しています。

思えば、きものももともと手ぬいで作られたもの。
古いきものであっても、ぬい目は丁寧で見事です。
〝ほどかずに〟リメイクするのは
そんな先人たちの手仕事への敬意から。
きれいなぬい目を生かしたいと考えました。
ほどかないのですから、作り方も簡単。

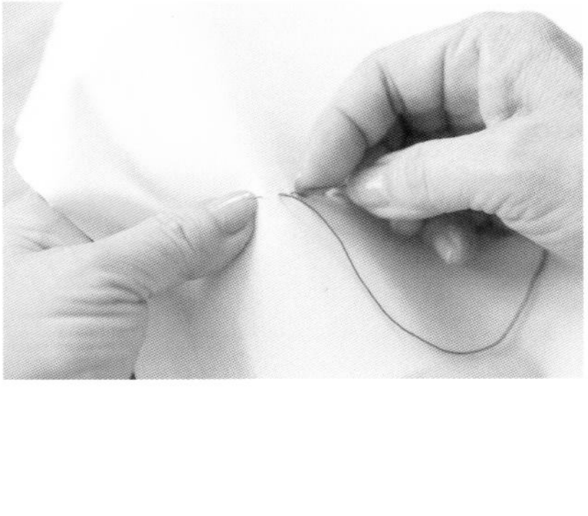

初めての人にもきっとできます。
手ぬいリメイクのよさはもうひとつ。
ぬい目がふっくらとして温かいこと。
着なくなったきものや、捨てられない古いきもの、
おばあちゃんやおかあさんから譲ってもらった
大切なきものに宿る思い出を
その温かいぬい目にのせるってすてきなことです。

〃ほどかない〃リメイクのほかに
実物大型紙を使って作る作品も紹介しています。
春夏秋冬、それぞれの季節に合う服をそろえましたので
お気に入りを見つけて、楽しんでいただけたらうれしいです。

高橋恵美子

目次

きものを〝ほどかない〟でリメイク

実物大型紙を使ってリメイク

きものリメイクの基礎

きもの選びのヒント

＊本書は『毎日が発見』誌の連載を再編集したものです。

最初に
きものに針を通してみましょう

リメイクするきものが決まったら、
布の隅にちくちくと
針を通してみてください。
布通りが滑らかなら、その針を使います。
針は手ぬい専用の
すべりのいい絹針がおすすめです。

きもの地に合う色の手ぬい糸も用意して…。
さあ、始めましょう。

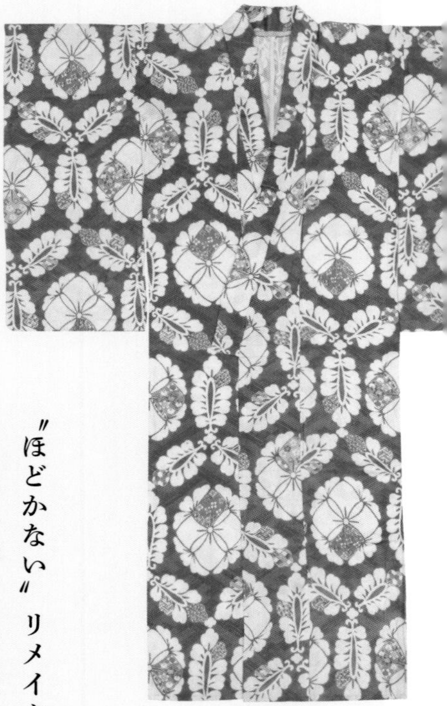

Before

きものを〝ほどかない〟でリメイク

〝ほどかない〟リメイクは
きもののぬい目をほどかずに利用する新しいリメイク。
例えば、写真のワンピースなら、
きものの身頃がそのままワンピースの身頃に、
きものの袖がそのままワンピースの袖になります。
形をできるだけ変えずにBeforeからAfterへ。
新しくぬう部分は少しだけです。

After

きもの
Remake
1

フレア袖のブラウスとグラニーバッグ

1枚のきものから、ブラウスとおそろいのバッグを

絹の滑らかさが際立つ、上質感あふれるブラウスです。フレア袖は既製服でも見かける流行りのデザイン。きものの身頃をほどかずそのまま生かしているので、身幅にもゆとりがあり、ふわりと布をまとうように着られます。素材は、日差しに透ける夏のきもの地・絽《ろ》。動きに合わせ、裾や袖先が揺れてシルエットが変化します。

着心地ゆったり。
袖や裾の揺れ感が魅力です

袖付けを
しないで作れます

袖は、きものの袖をほどかずそのまま利用。実物大型紙を使って、袖下のきれいなカーブを出します。

ふわりと広がるフレア袖

きもの地をたっぷり使っているので贅沢感いっぱい。両脇にスリットを入れ、より軽やかにしています。

たっぷりサイズのグラニーバッグ

グラニーバッグとはタックやギャザーを入れた丸いバッグの通称。グラニーには「おばあさん」という意味もあり、どこか懐かしい雰囲気です。ブラウスを作った後の端切れから作ります。

きものの形を生かして〝ほどかずに〟裁ちましょう

リメイク前

裁つのは袖下と裾だけ

フレア袖のブラウスは
きものの上部分から作ります

袖下と裾を裁つと、ブラウスの原形が見えてきます。外すのはえりとおくみだけ。詳しい裁ち方はP12をご覧ください。

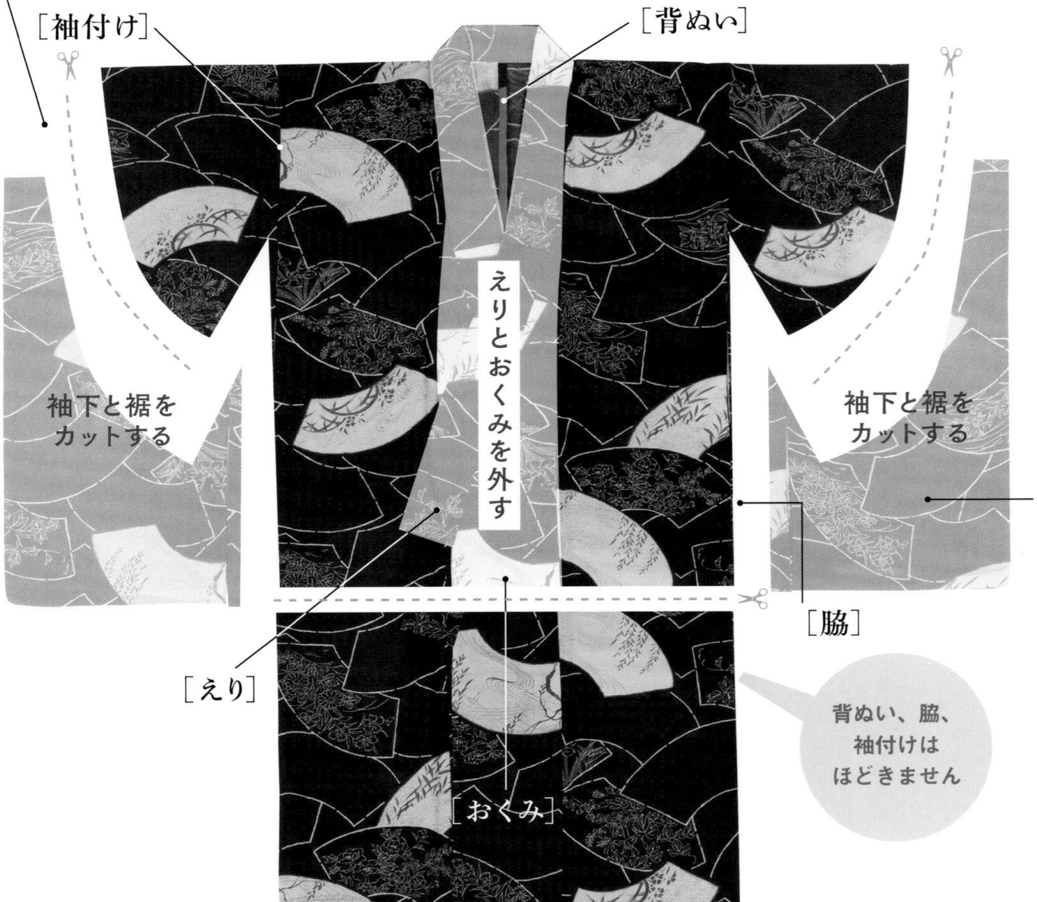

［袖付け］
［背ぬい］
えりとおくみを外す
袖下と裾をカットする
袖下と裾をカットする
［袖下］
［脇］
［えり］
［おくみ］
背ぬい、脇、袖付けはほどきません

裾部分から、
グラニーバッグを

ブラウスを作った後に残る裾部分を利用してバッグを作ります。大切なきものを余さず有効利用できるのもきものリメイクの魅力です。

きものの素材

単《ひと》衣《え》の絽《ろ》

絽は、布目にすき間が開いている薄手の夏のきもの地。手触りが柔らかいので、しなやかなシルエットのブラウスになります。

〝ほどかない〟リメイクは、
きものの形を
最大限に生かしたリメイク。
右ページの写真から分かるように、
もともとぬわれている
背ぬい、脇、袖付け部分を
そのまま利用しています。
布1枚から作り始めるより、
ずっと簡単です。

完成 ←

フレア袖とえりぐりのラインは、実物大型紙を使って出します。

えりぐり、袖、裾をぬうだけで、ブラウスができあがります。

丈はお好みで変えましょう。

＋

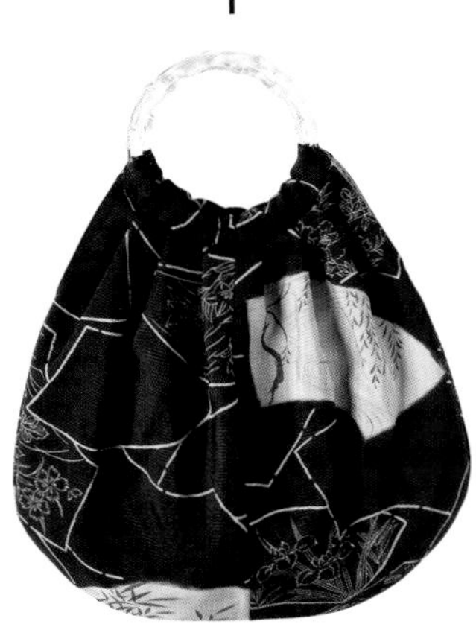

グラニーバッグも実物大型紙付き。底のカーブの出し方や入れ口のタックの取り方も簡単です。

裁ち方

材料
単衣のきもの…１枚
手ぬい糸

フレア袖の実物大型紙
型紙B面

※単位はcm

※袖は実物大型紙を使って裁つ
※◯の数字のぬい代を付けて裁つ
※□の数字のぬい代を含む

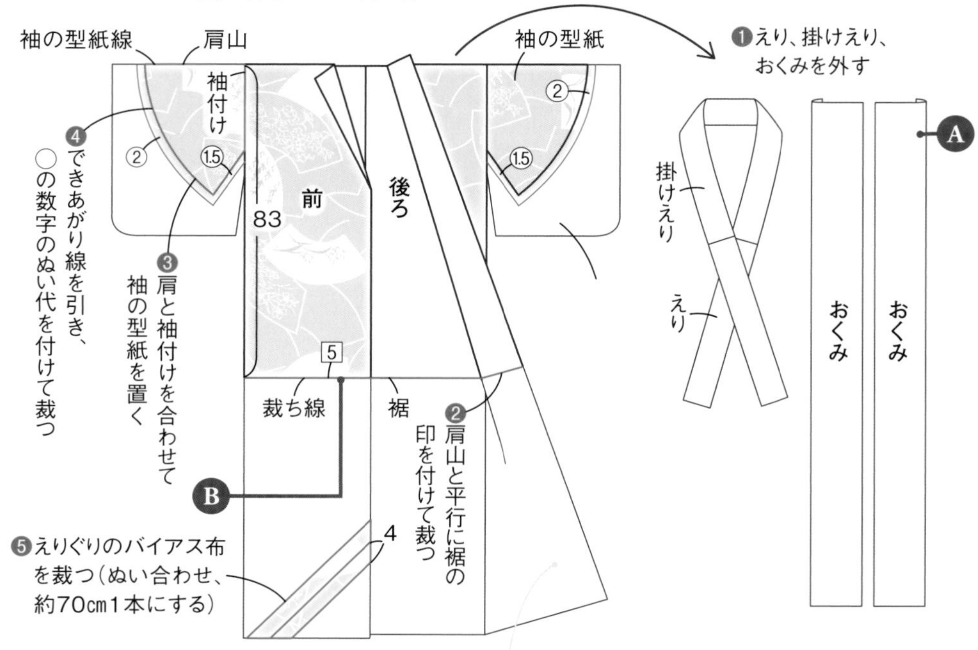

袖の型紙線
肩山
袖付け
前
83
後ろ
5
裁ち線
裾
袖の型紙
②
1.5
❶えり、掛けえり、おくみを外す
掛けえり
えり
おくみ
おくみ
A
❷肩山と平行に裾の印を付けて裁つ
❸肩と袖付けを合わせて袖の型紙を置く
❹できあがり線を引き、◯の数字のぬい代を付けて裁つ
B
❺えりぐりのバイアス布を裁つ（ぬい合わせ、約70cm１本にする）
4

身頃の余り布でバッグを作る

※上図にあるⒶⒷⒸⒹと合わせてご覧ください

きもの地をきれいに裁つために

左に挙げたのは、きれいに仕上げるためのコツです。ほとんどの作品に共通します。

B

裾は肩山と平行に

長い**着丈はメジャーを使って測ります。**肩から裾までを測ったら、裁ち線に定規を置き、**肩山と平行に印を付けて**から裁ちます。

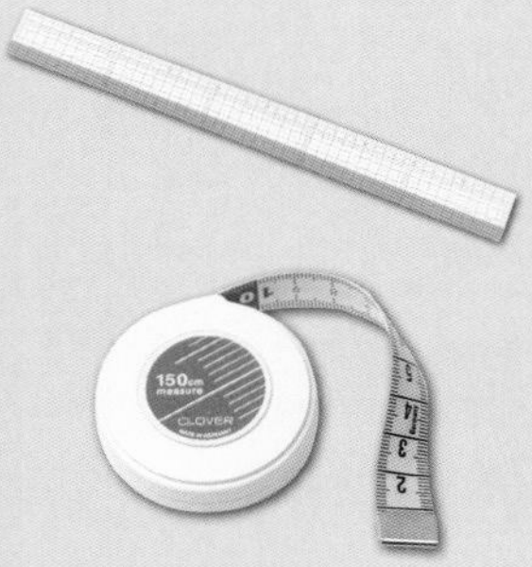

A

えりやおくみは少しずつ外す

表地も同様に、ぬい目の途中から糸を少しずつ切ります。力まかせに布を引っ張ると破れてしまうこともあるので気を付けます。

ぬい目を**ほどくときは裏地から。**ぬい目の途中から、布を傷めないように糸切りばさみで少しずつ切ります。単衣の場合は、裏地がないので楽です。

えりぐりの
実物大型紙
P15

※単位はcm

えりぐりの裁ち方

実物大型紙を使って、図の手順で裁ちます。

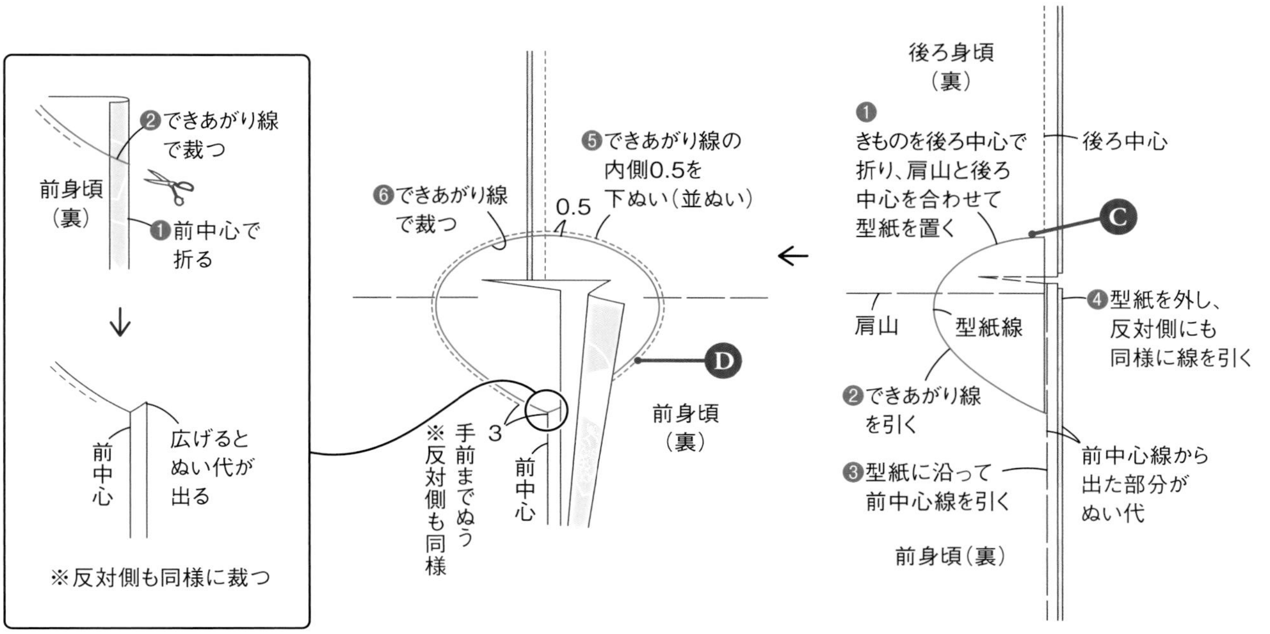
❷できあがり線で裁つ
前身頃（裏）
❶前中心で折る
前中心
広げるとぬい代が出る
※反対側も同様に裁つ
❻できあがり線で裁つ
❺できあがり線の内側0.5を下ぬい（並ぬい）
0.5
3
手前までぬう
※反対側も同様
前中心
D
前身頃（裏）
後ろ身頃（裏）
❶きものを後ろ中心で折り、肩山と後ろ中心を合わせて型紙を置く
後ろ中心
C
肩山
型紙線
❹型紙を外し、反対側にも同様に線を引く
❷できあがり線を引く
❸型紙に沿って前中心線を引く
前中心線から出た部分がぬい代
前身頃（裏）

スタート前に、きものの状態をみる

きものは広げて陰干し

長い間畳んだままだったきものの折りじわが気になったら、広げて風通しのいい場所で陰干しを。アイロンは布地に合う温度に設定してドライでかけます。

サイズを確認

古いきものや譲られたきものを使うときは、実際に羽織って左右の身頃を体に沿わせ、身幅が自分に合っているかを確かめます。

水洗いはNG

きもの地を濡らすと、色が落ちたり縮んだりしてリメイクしづらくなることが。汚れが気になったときは、リメイクが終わってからドライクリーニングに出しましょう。

C えりぐりは実物大型紙で

えりぐりの実物大型紙が各ページにあります。線を薄紙に写して型紙を作り、上図の手順で使いましょう。

D えりぐりの下ぬいを

えりぐりの実物大型紙は左右半分の線なので、上図のように**反対側は型紙を裏返して**印を付けます。また、裁ち端がほつれないよう、印を付けたら**裁つ前に下ぬい**をします。

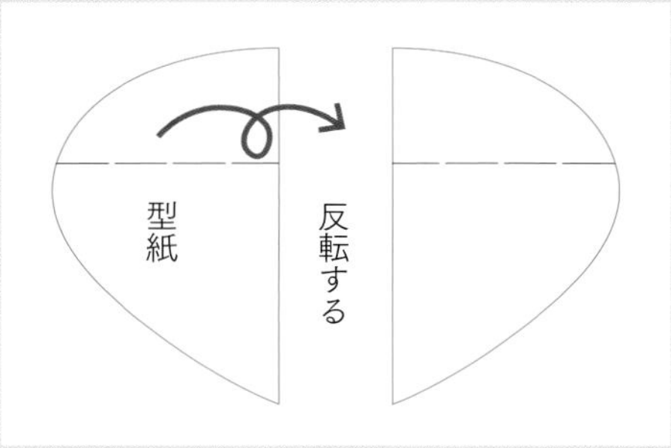
型紙
反転する

1. 補強ぬいをする

補強ぬいをした後ろ中心

きものの元のぬい目がほどけないよう、ぬい目の際を表側から５cm並ぬいして補強する。ぬい始めとぬい終わりは２〜３回返しぬいをする。

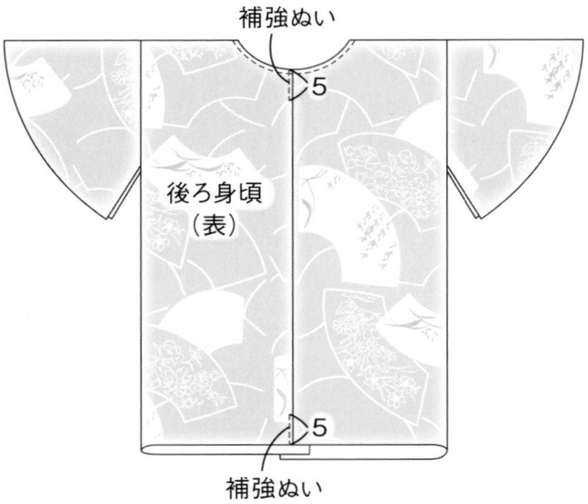
補強ぬい
5
後ろ身頃（表）
5
補強ぬい

2. 前中心をぬう

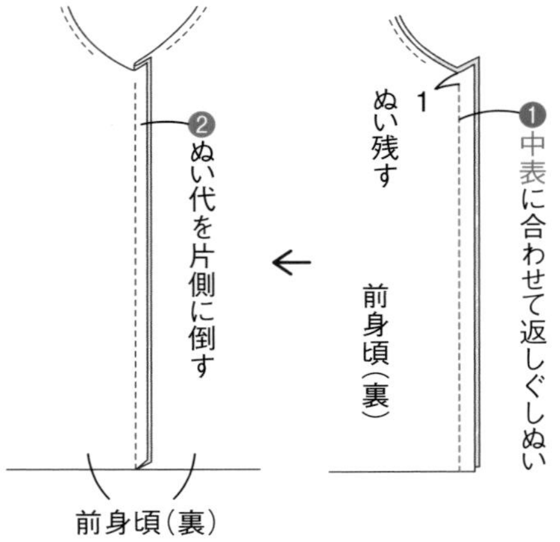
1
ぬい残す
❶中表に合わせて返しぐしぬい
前身頃（裏）
❷ぬい代を片側に倒す
前身頃（裏）

3. えりぐりをバイアス布でくるむ

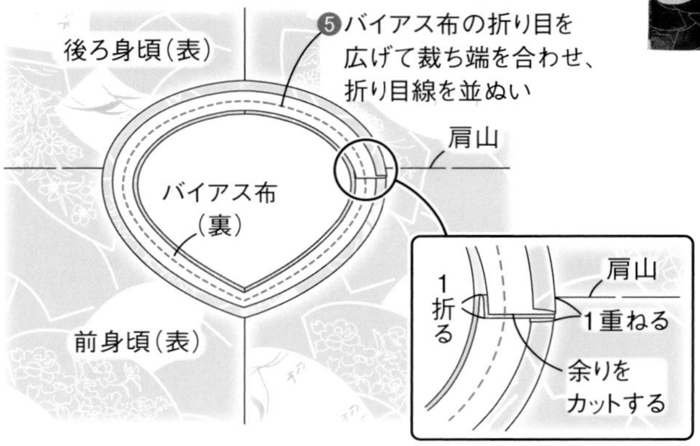
後ろ身頃（表）
❺バイアス布の折り目を広げて裁ち端を合わせ、折り目線を並ぬい
肩山
バイアス布（裏）
前身頃（表）
1折る
肩山
1重ねる
余りをカットする

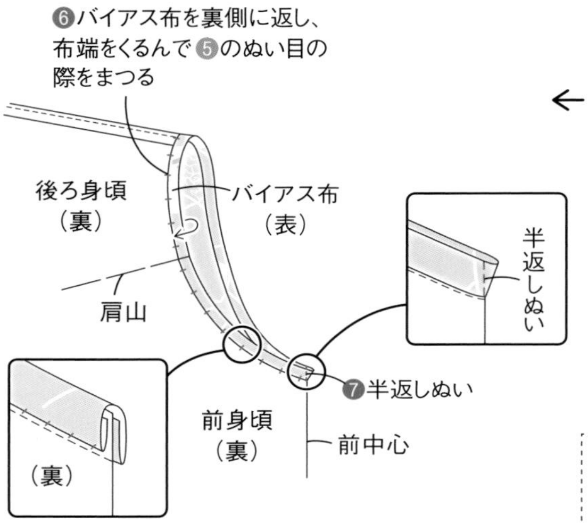
❻バイアス布を裏側に返し、布端をくるんで❺のぬい目の際をまつる
後ろ身頃（裏）
バイアス布（表）
肩山
半返しぬい
❼半返しぬい
前身頃（裏）
前中心
（裏）

バイアス布の作り方

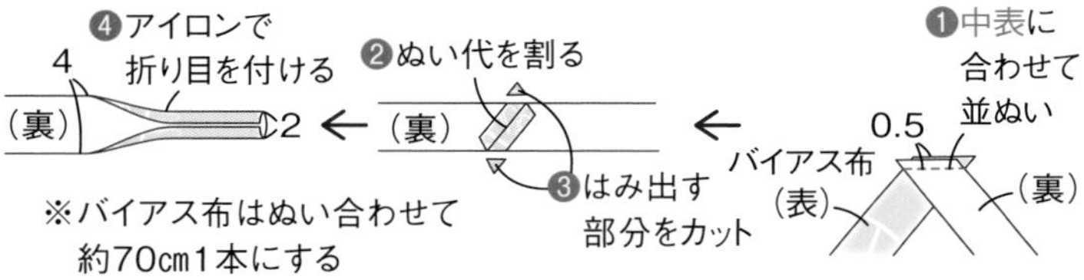
❶中表に合わせて並ぬい
0.5
バイアス布（表）
（裏）
❷ぬい代を割る
（裏）
❸はみ出す部分をカット
❹アイロンで折り目を付ける
4
（裏）
2

※バイアス布はぬい合わせて約70cm1本にする

4. 袖下をぬう

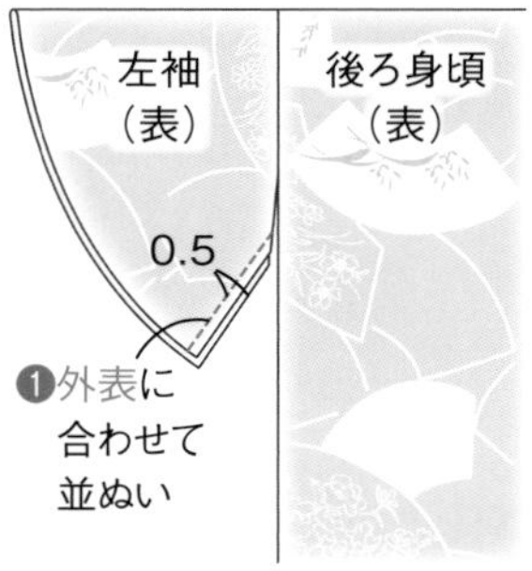
左袖（表）
後ろ身頃（表）
0.5
❶外表に合わせて並ぬい

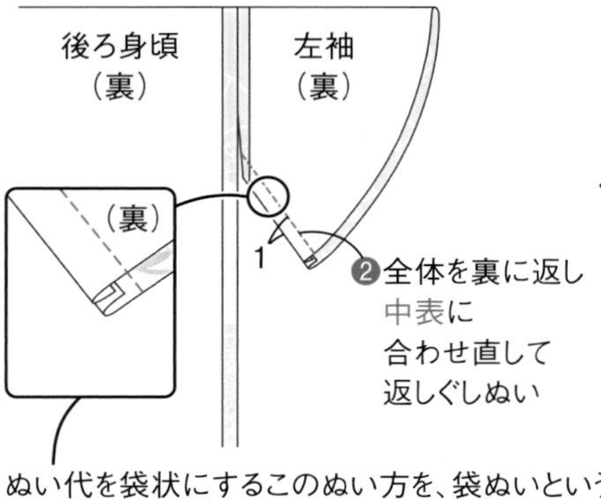
後ろ身頃（裏）
左袖（裏）
（裏）
1
❷全体を裏に返し中表に合わせ直して返しぐしぬい

ぬい代を袋状にするこのぬい方を、袋ぬいという（P94参照）

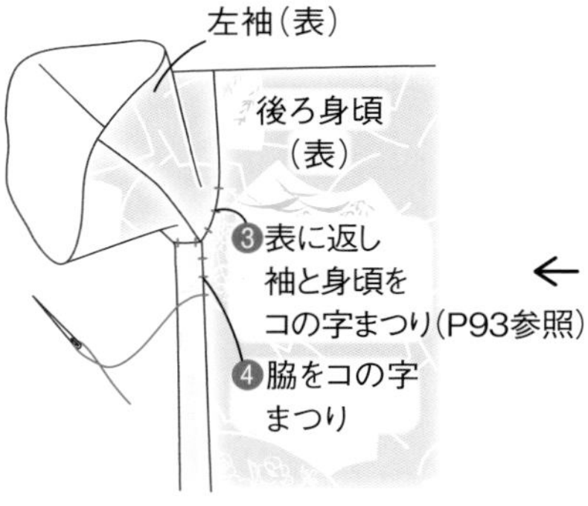
左袖（表）
後ろ身頃（表）
❸表に返し袖と身頃をコの字まつり（P93参照）
❹脇をコの字まつり

※右袖も同様にぬう

5.　袖口をぬう

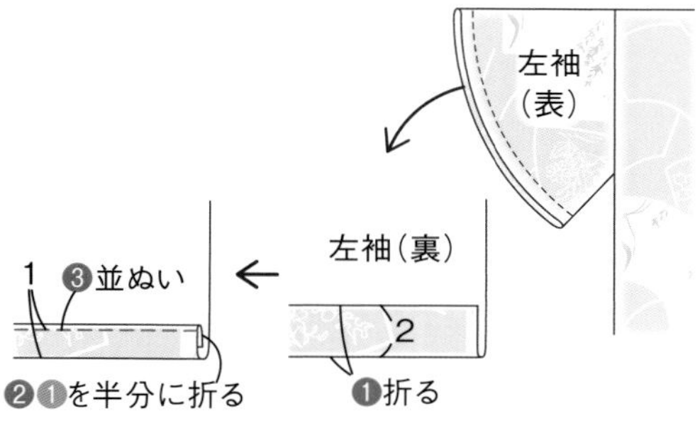
左袖
(表)
左袖(裏)
2
❶折る
1
❸並ぬい
❷❶を半分に折る

※右袖も同様にぬう

6.　スリットをぬう

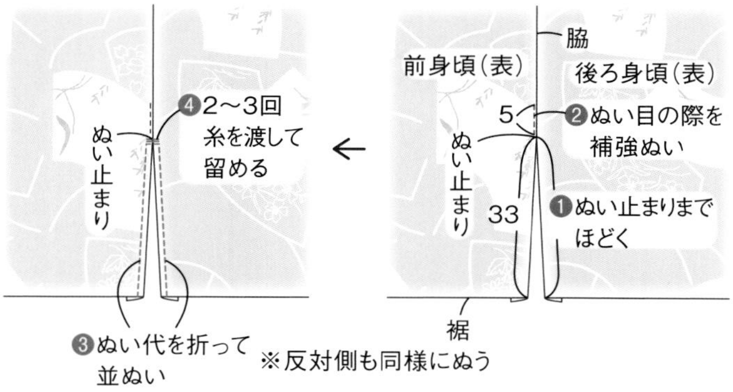
脇
前身頃(表)
後ろ身頃(表)
5
❷ぬい目の際を
補強ぬい
ぬい止まり
33
❶ぬい止まりまで
ほどく
裾
ぬい止まり
❹2～3回
糸を渡して
留める
❸ぬい代を折って
並ぬい

※反対側も同様にぬう

7.　裾をぬう

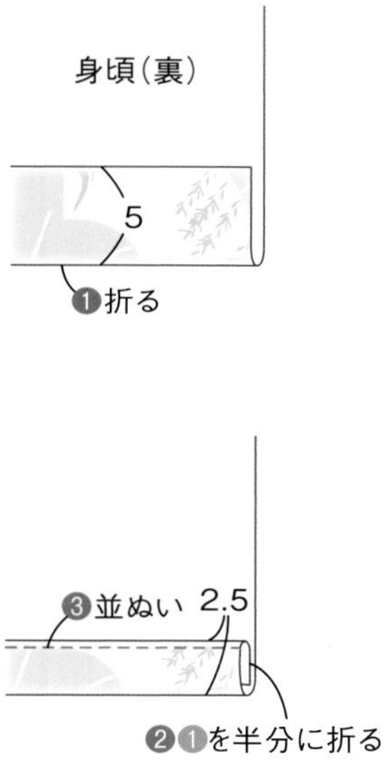
身頃(裏)
5
❶折る
❸並ぬい
2.5
❷❶を半分に折る

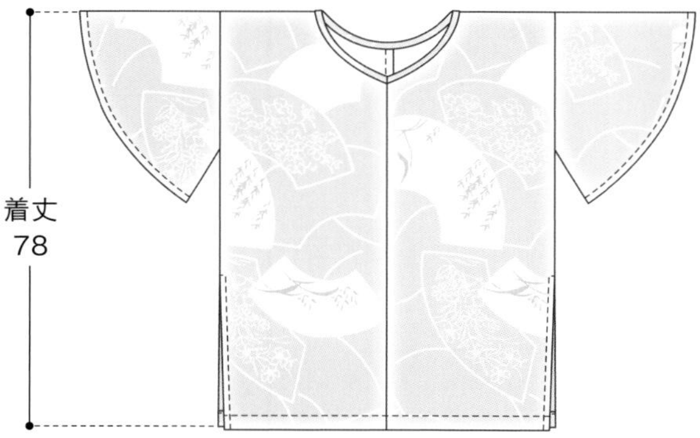
着丈
78

えりぐりの実物大型紙

実物大型紙の使い方はP13参照。

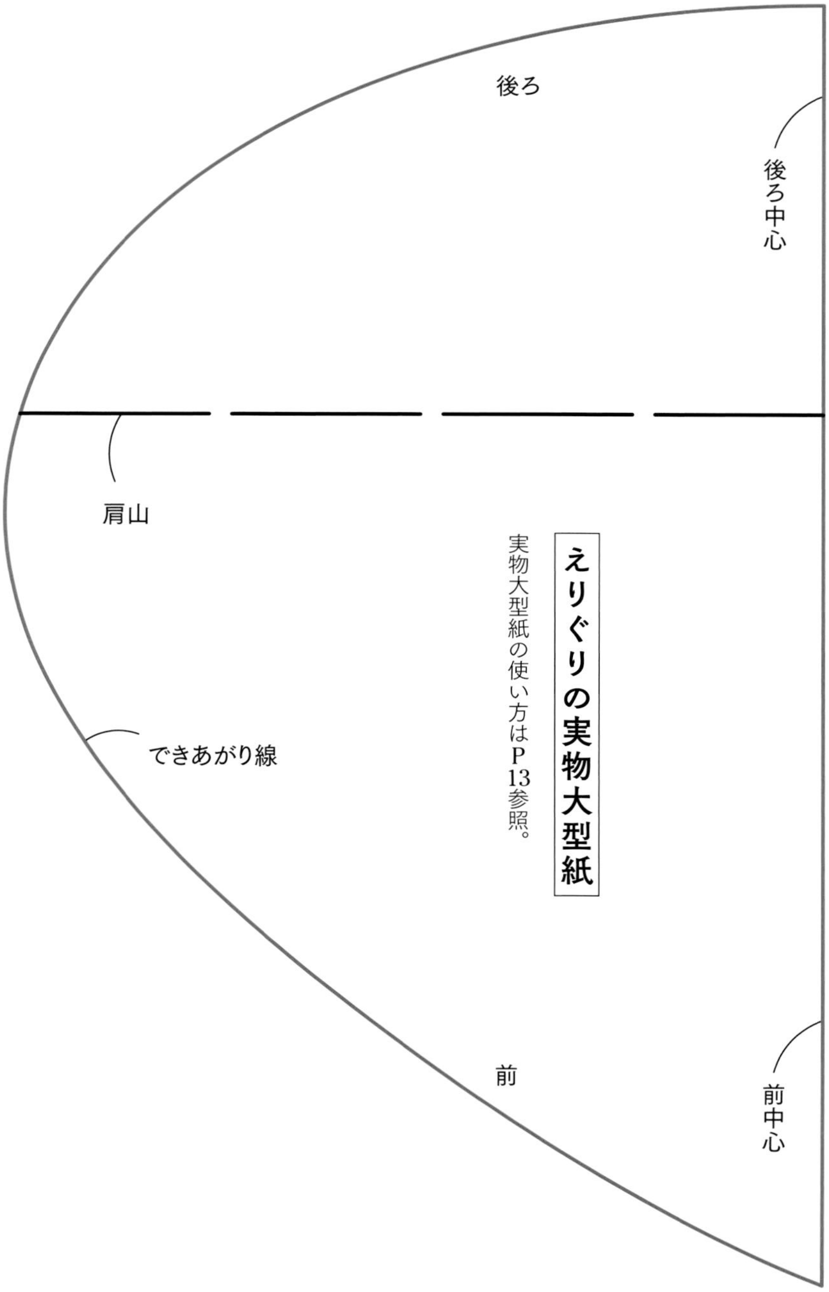
後ろ
後ろ中心
肩山
できあがり線
前
前中心

グラニーバッグ

本体と口布の
実物大型紙付き
型紙B面

材料
きものの端切れ
　…40×36cm4枚（本体用）、
おくみ部分（口布用）
絹か木綿地（裏布用）
　…40×36cm4枚
輪の持ち手…1組
手ぬい糸

持ち手の大きさ

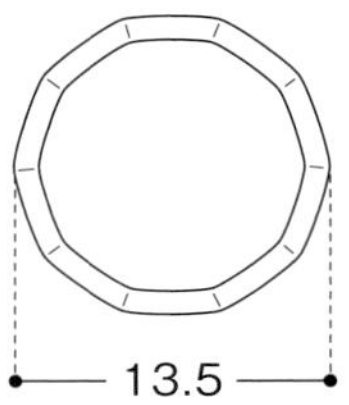
13.5

裁ち方

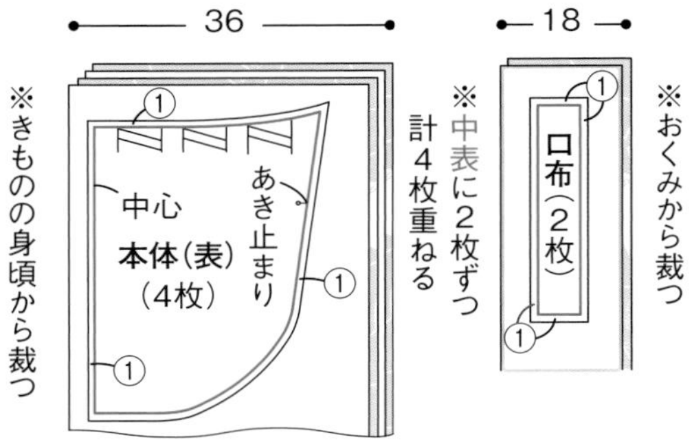
36
18
※きものの身頃から裁つ
①
中心
本体（表）
（4枚）
あき止まり
①
①
※中表に2枚ずつ
計4枚重ねる
口布（2枚）
①
①
※おくみから裁つ

※同じサイズの裏布も4枚裁つ
※上図の斜め線はタック位置

※単位はcm
※◯の数字のぬい代を
付けて裁つ

1. 表布をぬう

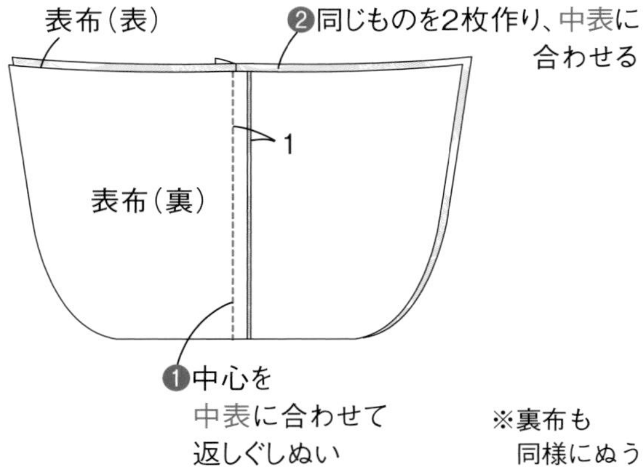
表布（表）
❷同じものを2枚作り、中表に
合わせる
1
表布（裏）
❶中心を
中表に合わせて
返しぐしぬい
※裏布も
同様にぬう

2. 表布と裏布を合わせてぬう

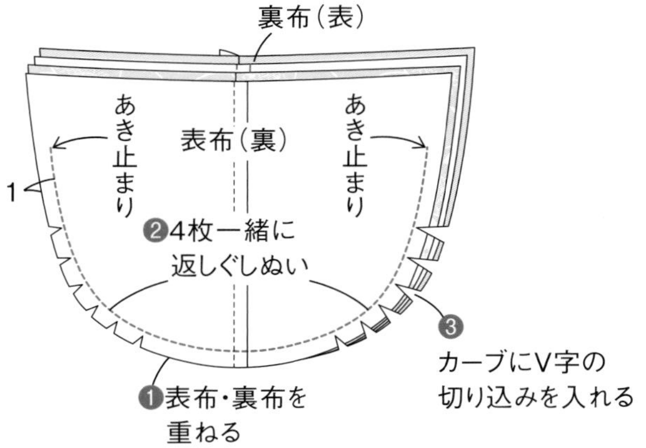
裏布（表）
あき止まり
表布（裏）
あき止まり
1
❷4枚一緒に
返しぐしぬい
❸
カーブにV字の
切り込みを入れる
❶表布・裏布を
重ねる

3. 外側2枚をよけて、内側2枚のぬい代に切り込みを入れる

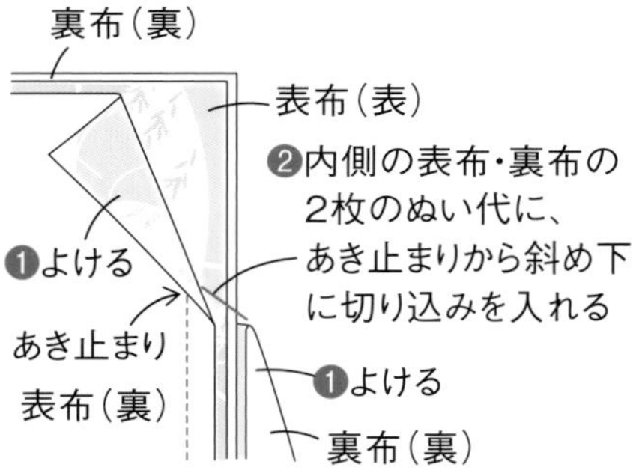
裏布（裏）
表布（表）
❷内側の表布・裏布の
2枚のぬい代に、
あき止まりから斜め下
に切り込みを入れる
❶よける
あき止まり
表布（裏）
❶よける
裏布（裏）

※本体の反対側も同様にぬう

4. 裏布を表に返し、あき止まりまでぬう

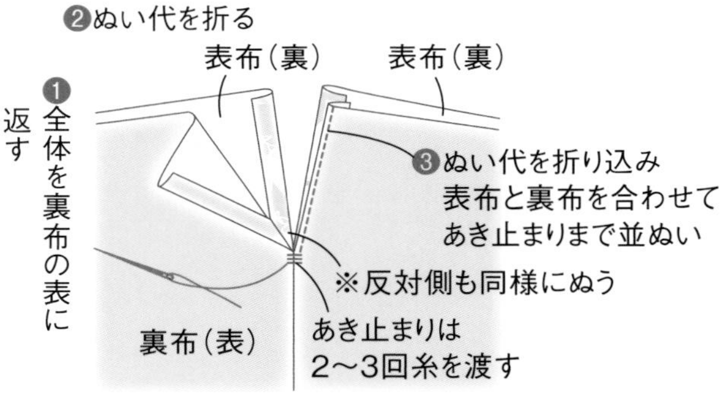
❷ぬい代を折る
表布（裏）
表布（裏）
❶全体を裏布の表に返す
❸ぬい代を折り込み
表布と裏布を合わせて
あき止まりまで並ぬい
※反対側も同様にぬう
裏布（表）
あき止まりは
2〜3回糸を渡す

※本体の反対側も同様にぬう

5. 表に返す

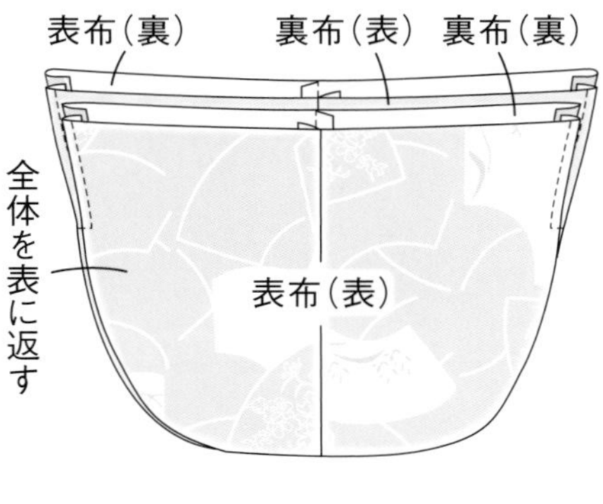
表布（裏）
裏布（表）
裏布（裏）
全体を表に返す
表布（表）

6. タックを畳む

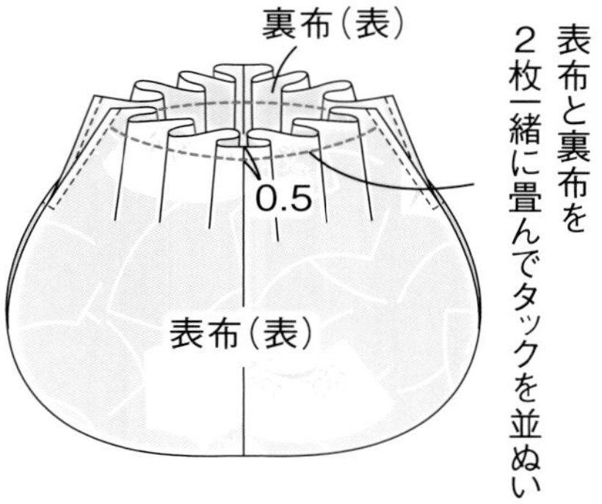
裏布（表）
表布と裏布を2枚一緒に畳んでタックを並ぬい
0.5
表布（表）

タックの畳み方

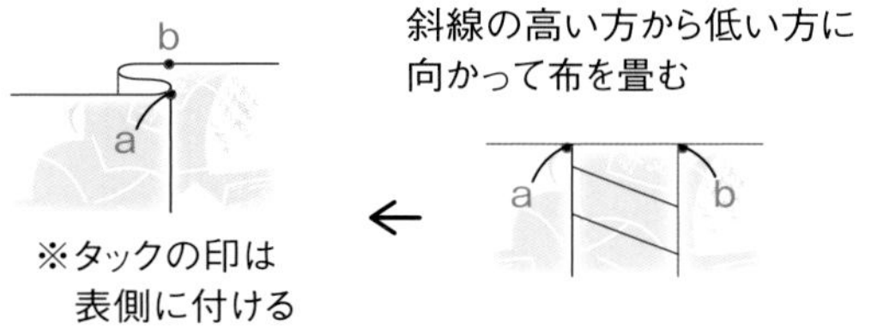
b
a
斜線の高い方から低い方に向かって布を畳む
a
b
※タックの印は表側に付ける

7. 口布を作る

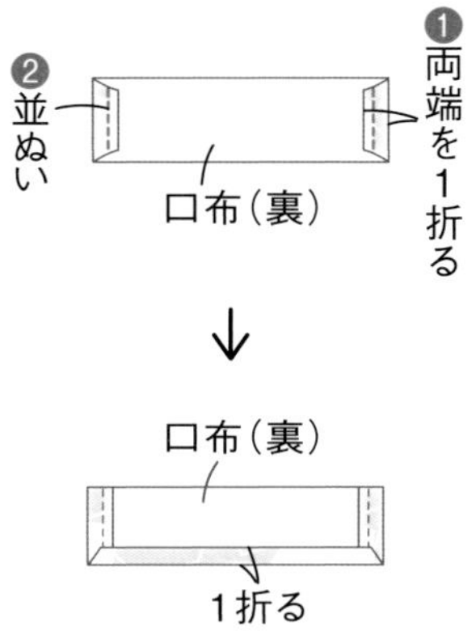
❷並ぬい
❶両端を1折る
口布（裏）
口布（裏）
1折る

※同じものを2枚作る

8. 口布を付ける

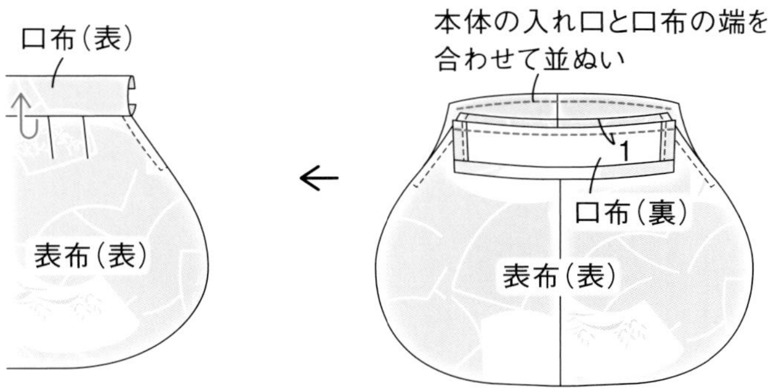
口布（表）
表布（表）
本体の入れ口と口布の端を合わせて並ぬい
1
口布（裏）
表布（表）

9. 持ち手を付ける

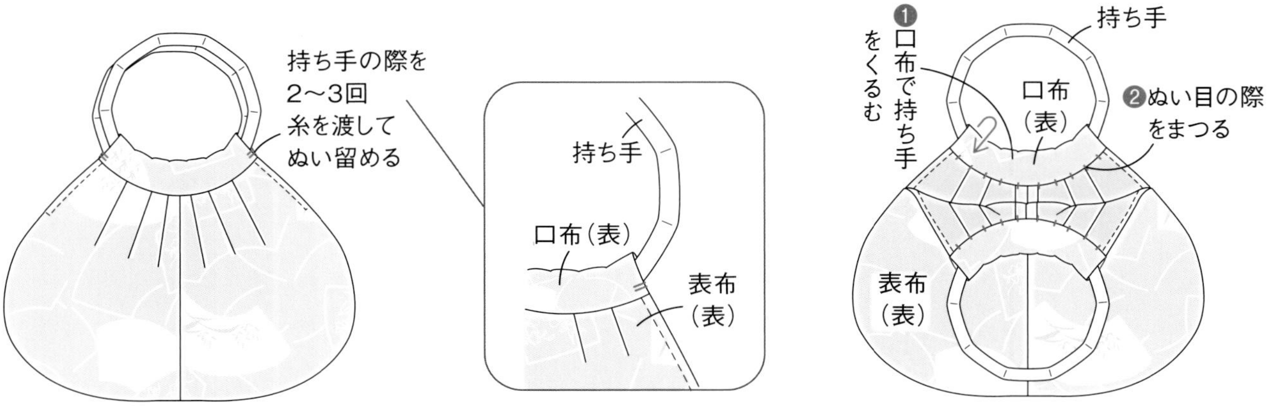
持ち手の際を2〜3回糸を渡してぬい留める
持ち手
口布（表）
表布（表）
❶口布で持ち手をくるむ
持ち手
口布（表）
❷ぬい目の際をまつる
表布（表）

きもの
Remake

2

タックワンピースとスクエアバッグ

バルーン袖もおしゃれ

タックを取って
シルエットをふんわりと

前中心にタックを取ったゆとりのあるワンピースです。タック部分の布はきもののおくみ。ほどかずにそのまま生かして畳むだけで、体を包み込むようなふんわりしたシルエットになります。えりぐりの程よい開きもデコルテをきれいに見せるポイントです。春らしい柄のきものの地は手触りの柔らかい縮緬《ちりめん》。

手ぬいステッチを効かせて

前中心の際に手ぬいステッチを。ふっくらとしたそのぬい目を見せて、手ぬいならではの温かみを出します。

細い持ち手の
スクエアバッグ

ワンピースを作った後の端切れで、おそろいのバッグも作りませんか？　台形の本体に共布の細い持ち手を付けた、どんな服にも似合うシンプルデザインです。

素材を変えて

ハリのある紬《つむぎ》地で作った右ページと同じ形のワンピース。このように違う素材でもう1枚作り、気分に合わせて選ぶのも楽しそう。

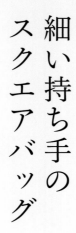

リメイク前

きものの形を生かして裁ちましょう

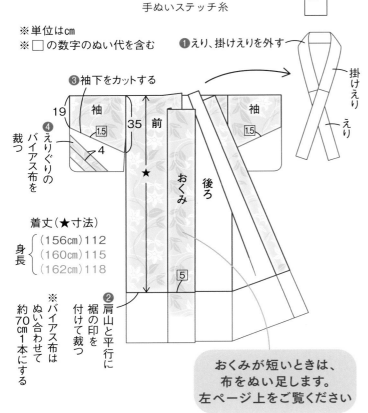

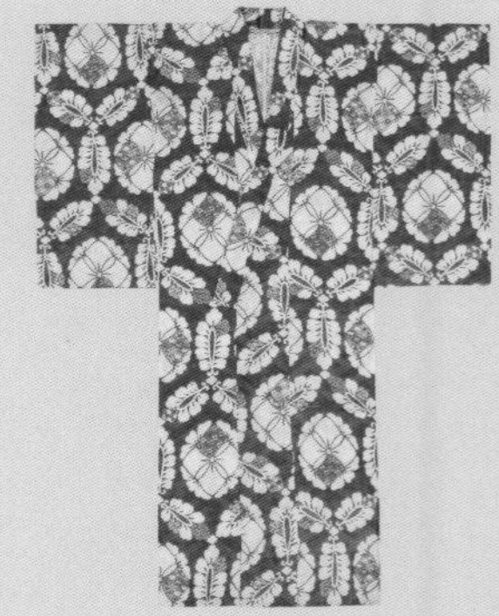

きものの素材
紬

ハリ感と光沢のある紬地。1色の濃淡でまとめられた柄行なので着やすいワンピースになります。

きものの素材
縮緬

表面に凹凸があり柔らかいので、落ち感のあるワンピースになります。裁ち方は紬のワンピースと同じです。

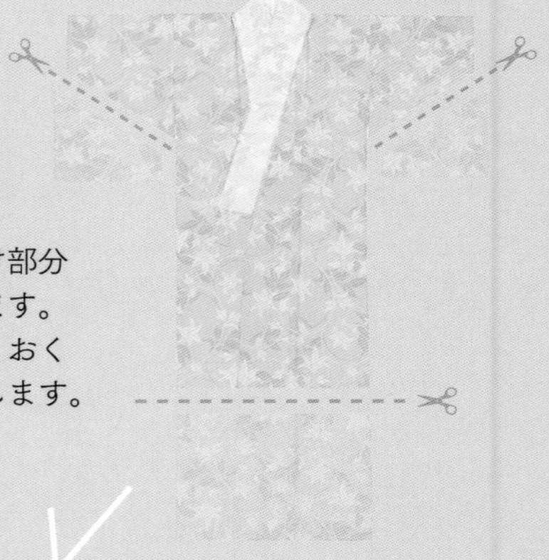

きものの袖下と裾をカット

背ぬいや脇、袖付け部分はほどかず利用します。外すのはえりだけ。おくみはタック用に残します。

完成

スクエアバッグはワンピースを作った後に残る裾部分から作ります。

裁ち方

材料
単衣のきもの…1枚
ゴムテープ…0.5cm幅21cm2本
手ぬい糸
手ぬいステッチ糸

※単位はcm
※□の数字のぬい代を含む

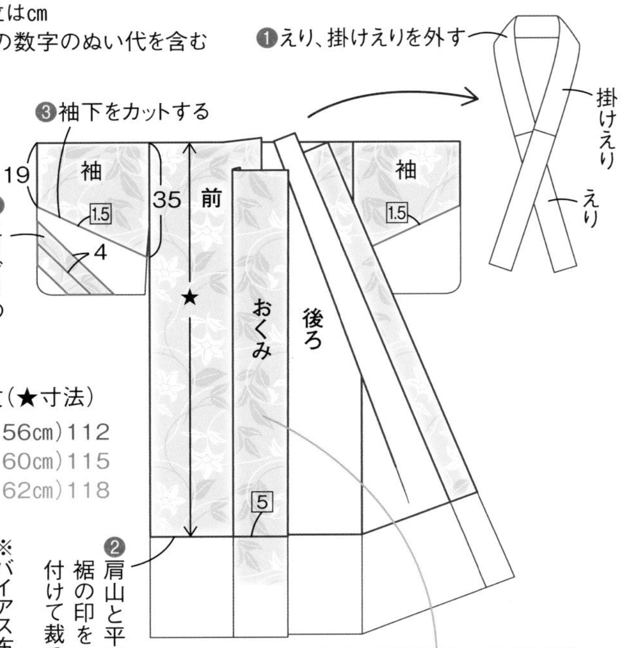

❶えり、掛けえりを外す
掛けえり
えり
❸袖下をカットする
19
袖
35
前
袖
1.5
1.5
❹えりぐりのバイアス布を裁つ
4
★
おくみ
後ろ
5
❷肩山と平行に裾の印を付けて裁つ

着丈（★寸法）
身長
（156cm）112
（160cm）115
（162cm）118

※バイアス布はぬい合わせて約70cm1本にする

おくみが短いときは、布をぬい足します。左ページ上をご覧ください

えりぐりの裁ち方

えりぐりの実物大型紙 P22

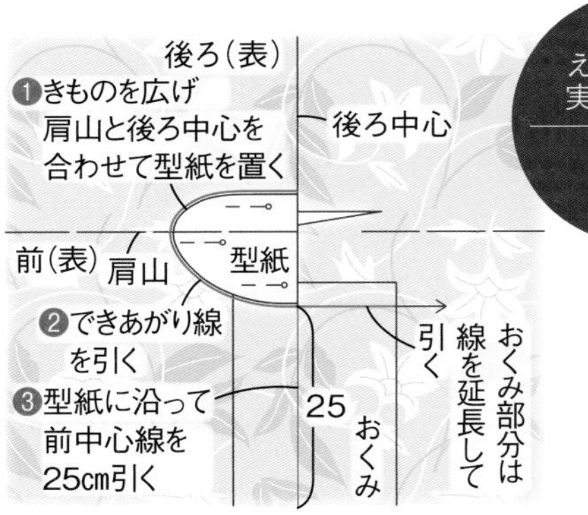

後ろ（表）
❶きものを広げ肩山と後ろ中心を合わせて型紙を置く
後ろ中心
前（表）
肩山
型紙
❷できあがり線を引く
引く
おくみ部分は線を延長して
❸型紙に沿って前中心線を25cm引く
25
おくみ

↓

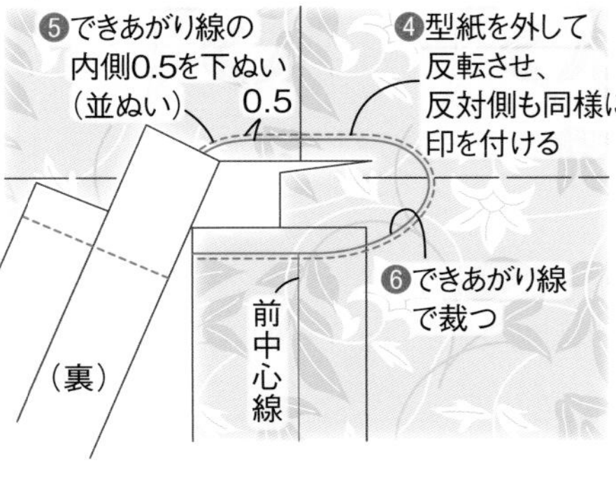

❺できあがり線の内側0.5を下ぬい（並ぬい）
0.5
❹型紙を外して反転させ、反対側も同様に印を付ける
❻できあがり線で裁つ
前中心線
（裏）

おくみが短いときは

おくみの修正の仕方

おくみの長さが足りないときは、外したえりを使っておくみにぬい足しましょう。えりを広げ、おくみの上に袋ぬい（P94参照）でぬいつなぎ、前身頃にぬい付けます。

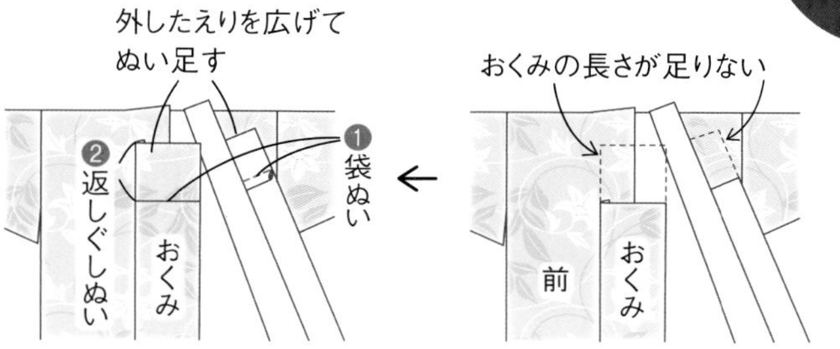

外したえりを広げてぬい足す
❷返しぐしぬい
おくみ
❶袋ぬい
おくみの長さが足りない
前
おくみ

タックワンピース

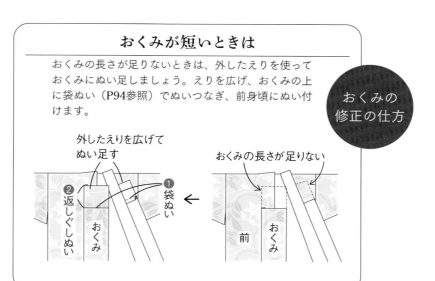

作り方はピンク色のワンピースで説明しています。青いワンピースも手順は同じです。

1. 補強ぬいをする

きものの元のぬい目がほつれないよう、ぬい目の際を表側から5㎝並ぬいして補強する。ぬい始めとぬい終わりは2～3回返しぬいをする。

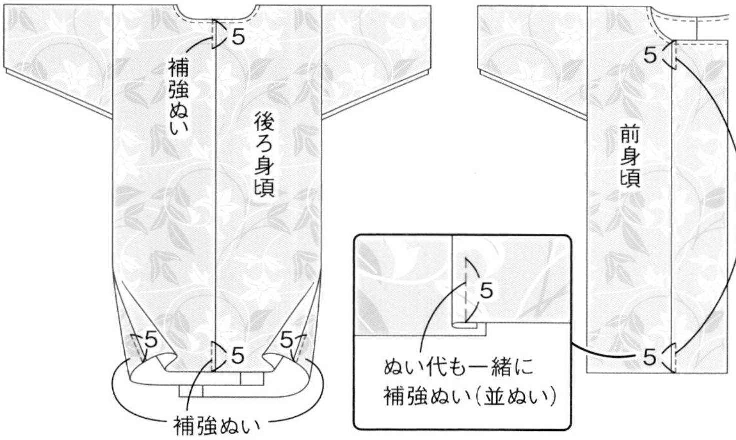

5
補強ぬい
後ろ身頃
5
5
5
補強ぬい
5
前身頃
補強ぬい
5
ぬい代も一緒に補強ぬい（並ぬい）
5

2. 前端をぬう

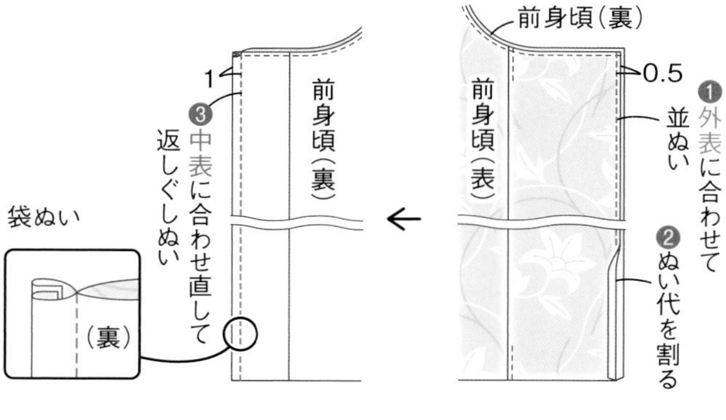

前身頃（裏）
0.5
前身頃（表）
❶外表に合わせて並ぬい
❷ぬい代を割る
1
❸中表に合わせ直して返しぐしぬい
前身頃（裏）
袋ぬい
（裏）

3. タックを畳む

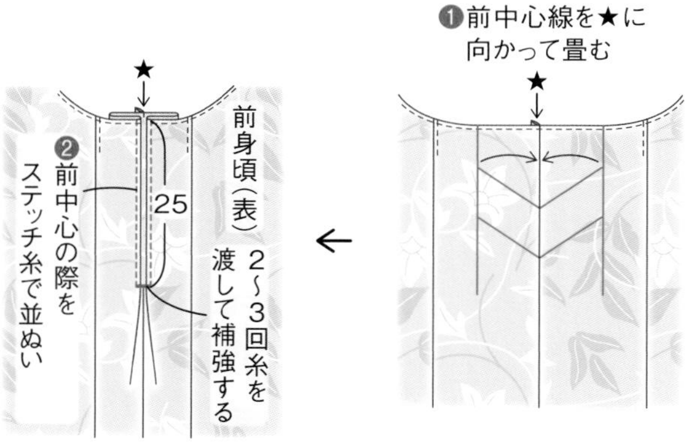

❶前中心線を★に向かって畳む
★
★
前身頃（表）
25
❷前中心の際をステッチ糸で並ぬい
2～3回糸を渡して補強する

4.　えりぐりをバイアス布でくるむ

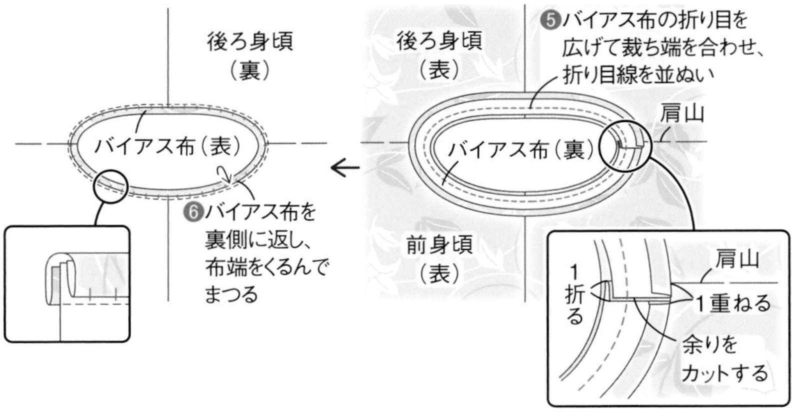
後ろ身頃（裏）
バイアス布（表）
❻バイアス布を裏側に返し、布端をくるんでまつる
後ろ身頃（表）
❺バイアス布の折り目を広げて裁ち端を合わせ、折り目線を並ぬい
肩山
バイアス布（裏）
前身頃（表）
肩山
1折る
1重ねる
余りをカットする

バイアス布の作り方

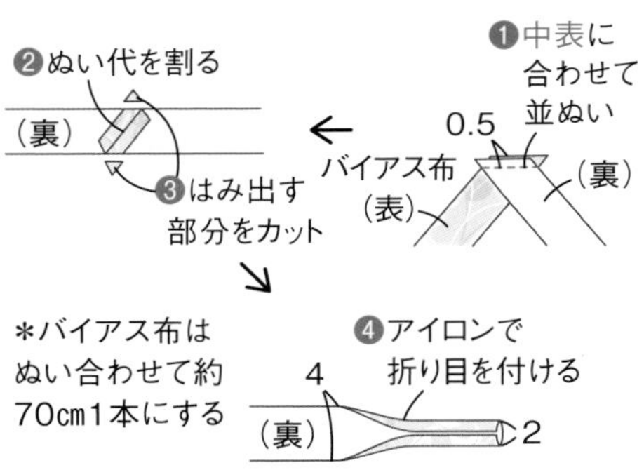
❶中表に合わせて並ぬい
0.5
バイアス布（表）
（裏）
❷ぬい代を割る
（裏）
❸はみ出す部分をカット
❹アイロンで折り目を付ける
4
（裏）
2

＊バイアス布はぬい合わせて約70cm1本にする

えりぐりの実物大型紙

実物大型紙の使い方はP20参照

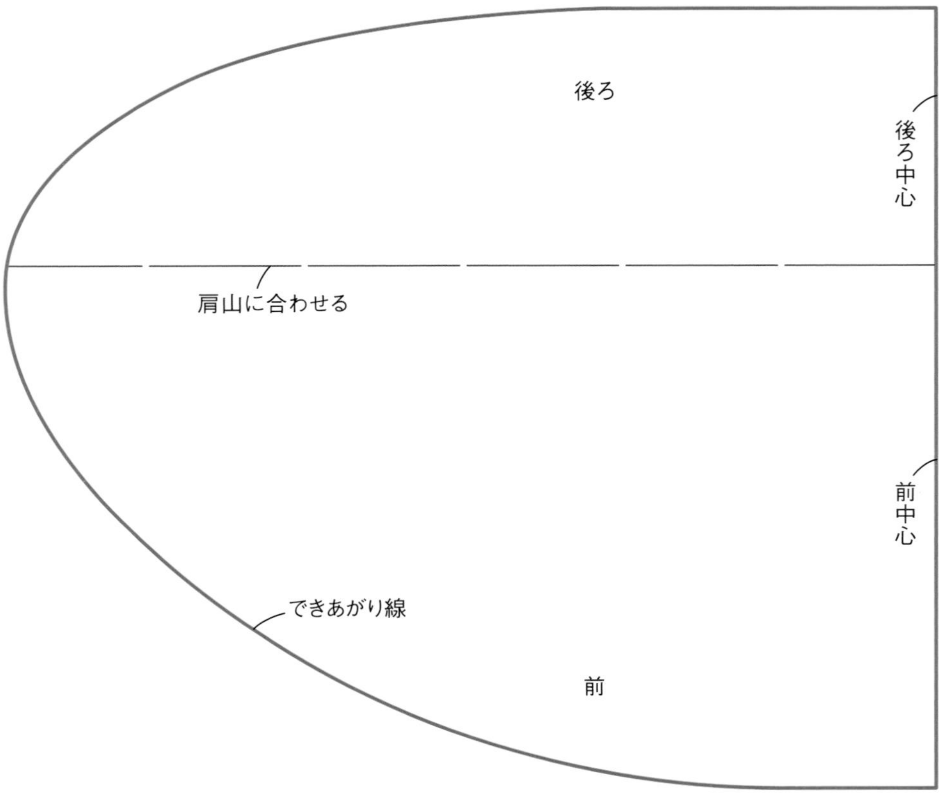
後ろ
後ろ中心
肩山に合わせる
前中心
できあがり線
前

5.　袖下、袖付け、脇をぬう

※左袖も同様にぬう

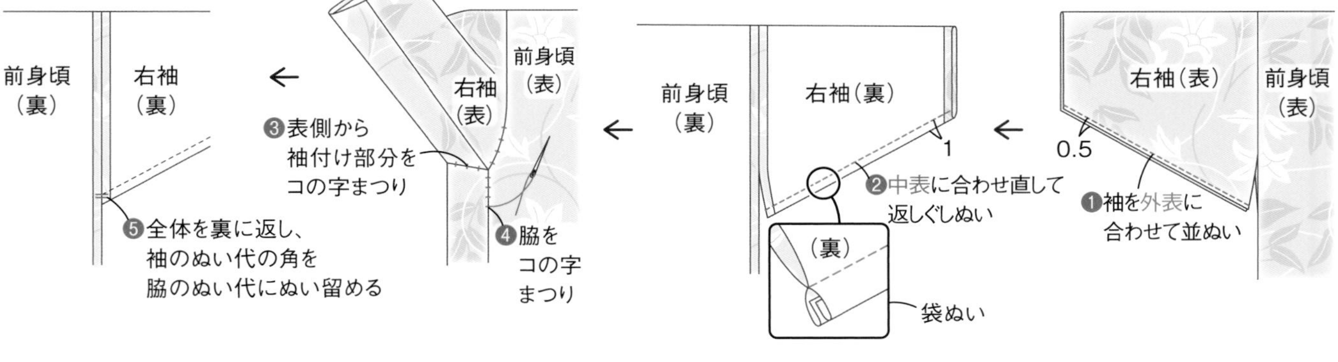
右袖（表）
前身頃（表）
0.5
❶袖を外表に合わせて並ぬい
右袖（裏）
前身頃（裏）
1
❷中表に合わせ直して返しぐしぬい
（裏）
袋ぬい
前身頃（表）
右袖（表）
❸表側から袖付け部分をコの字まつり
❹脇をコの字まつり
前身頃（裏）
右袖（裏）
❺全体を裏に返し、袖のぬい代の角を脇のぬい代にぬい留める

6. 袖口をぬう

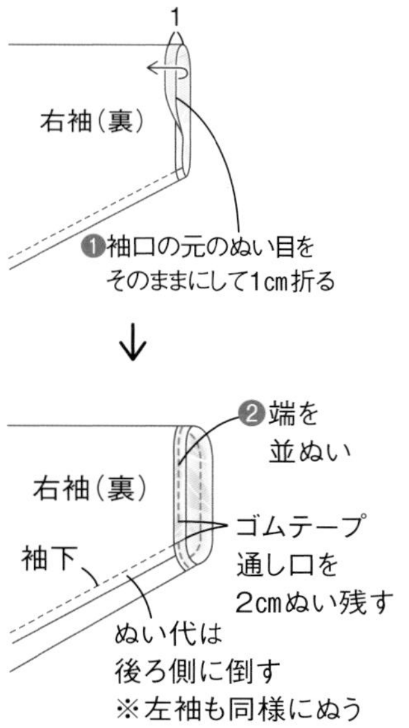

1
右袖（裏）
❶袖口の元のぬい目をそのままにして1cm折る
❷端を並ぬい
右袖（裏）
袖下
ゴムテープ通し口を2cmぬい残す
ぬい代は後ろ側に倒す
※左袖も同様にぬう

7. 裾をぬい、袖口にゴムテープを通す

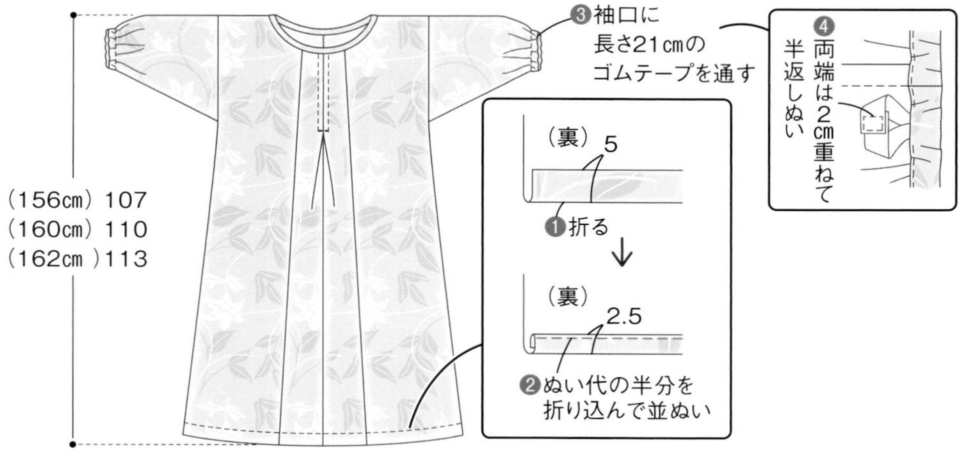

❸袖口に長さ21cmのゴムテープを通す
❹両端は2cm重ねて半返しぬい
（裏）
5
❶折る
（裏）
2.5
❷ぬい代の半分を折り込んで並ぬい
（156cm）107
（160cm）110
（162cm ）113

バッグ

材料

きものの端切れ…31×30cm 4枚（袋布）、60×3cm 2枚（持ち手）

接着芯（厚手）…3×18cm2枚

手ぬい糸

裁ち方

※単位はcm

※ぬい代を含む

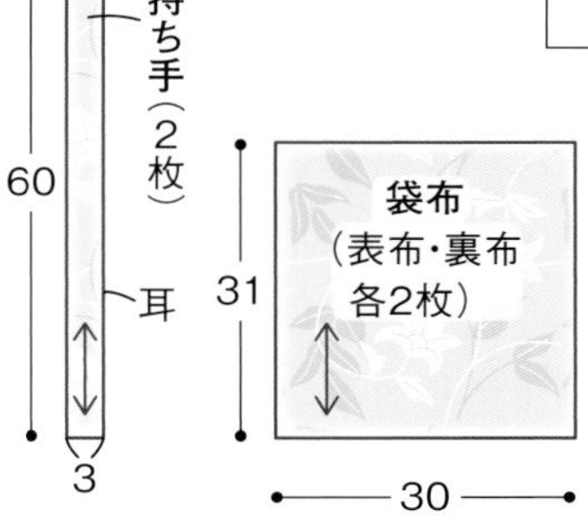

持ち手（2枚）
60
耳
3
袋布（表布・裏布各2枚）
31
30

1. 袋布の入れ口を折る

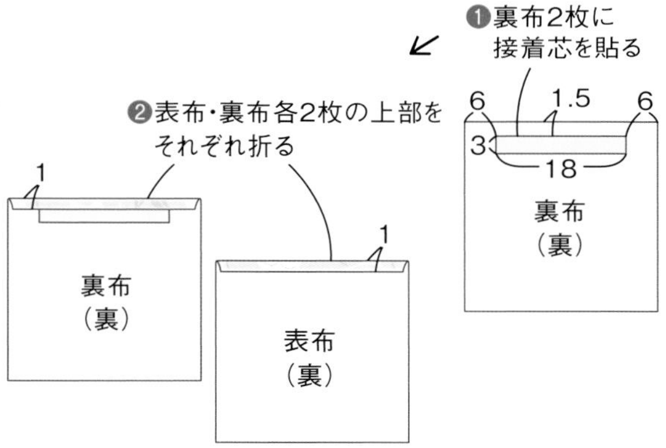

❶裏布2枚に接着芯を貼る
6
1.5
6
3
18
裏布（裏）
❷表布・裏布各2枚の上部をそれぞれ折る
1
裏布（裏）
1
表布（裏）

2. 表布と裏布を合わせてぬう

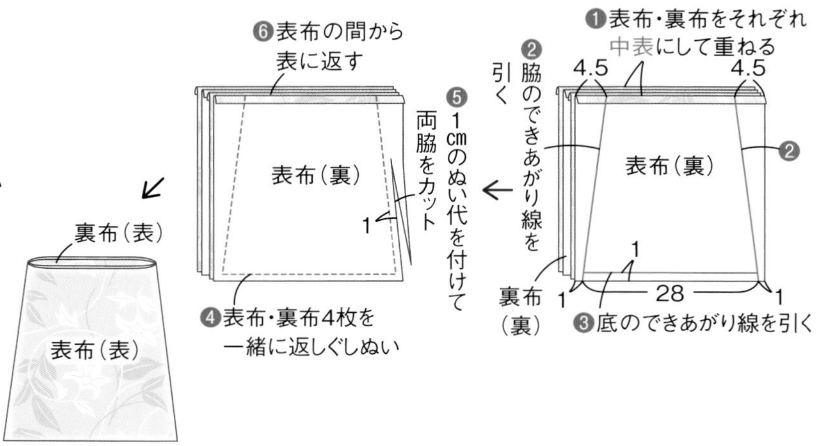

❶表布・裏布をそれぞれ中表にして重ねる
4.5
4.5
❷脇のできあがり線を引く
表布（裏）
❷
1
28
1
1
裏布（裏）
❸底のできあがり線を引く
❺1cmのぬい代を付けて両脇をカット
1
表布（裏）
❻表布の間から表に返す
❹表布・裏布4枚を一緒に返しぐしぬい
裏布（表）
表布（表）

3. 持ち手を挟んで入れ口をぬう

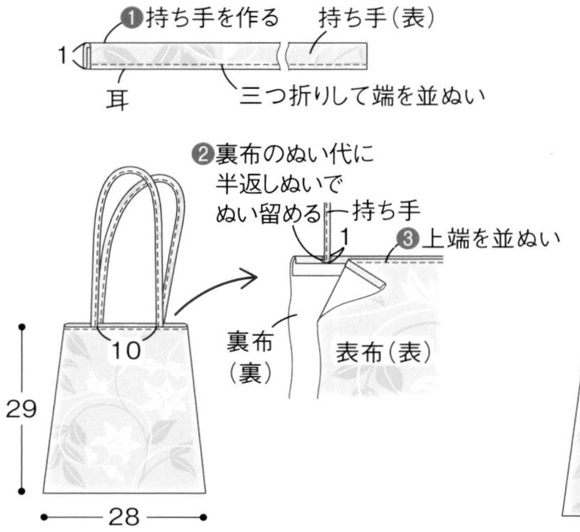

❶持ち手を作る
持ち手（表）
1
耳
三つ折りして端を並ぬい
❷裏布のぬい代に半返しぬいでぬい留める
持ち手
1
❸上端を並ぬい
裏布（裏）
表布（表）
10
29
28

きもの
Remake
3

袷《あわせ》のきものから、セットアップを…
ブラウスとスカート

きものの上部分がブラウスに、裾部分がスカートになります

体を包み込むように着るきもの。たっぷりとしたその布を余さず使ったブラウスとスカートです。上下おそろいで着れば、絹の光沢がいっそう映えます。スカートの裾やロールアップした袖口からのぞく黄色い布地は、もともと付いている裏地。表地とともに袷のきものにもほどかず生かし、おしゃれのアクセントにしています。

袖口をロールアップして軽快に

袖口をめくり、裏地を見せると雰囲気が変わります。裾はタックを取り、タイトに仕上げます。

きものの裏地をのぞかせて…

袷（裏地付き）のきものの表地と裏地を一緒に裁って作ります。裾が翻ったときに見える裏地の黄色がチャームポイントです。

きものの形を生かして、巻きスカート風に

左右の身頃を前で合わせて着る形を利用した、巻きスカートのようなデザイン。裏地付きなのではき心地も暖かです。

きものの形を生かして裁ちましょう

リメイク前

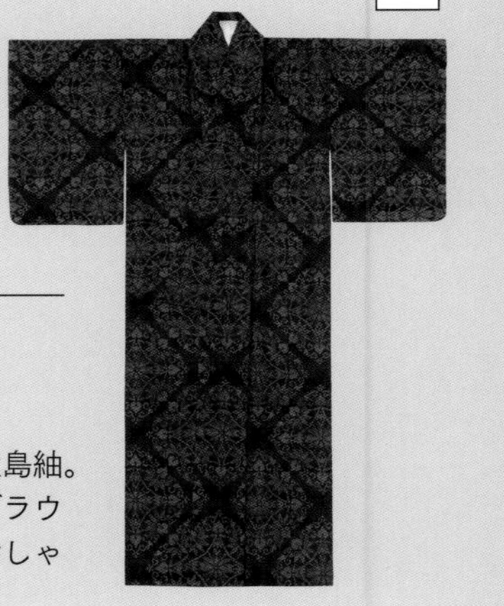

きものの素材
大島紬

時代を超えて人気の大島紬。程よいハリと光沢がブラウスとスカートをよりおしゃれに見せてくれます。

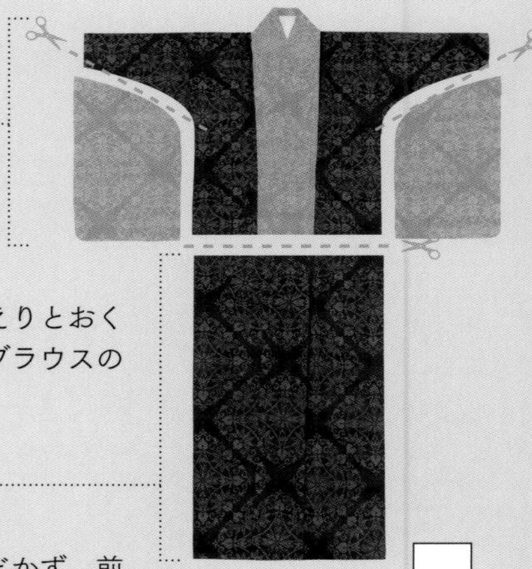

上部分はブラウスに

左図のように、えりとおくみを外すだけでブラウスの原形になります。

下部分はスカートに

背ぬいも脇もほどかず、前を合わせて着るきものの形をそのまま生かします。

完成

裁ち方

材料
袷のきもの…1枚
ゴムテープ…幅2㎝×ウエスト寸法の95%の長さ
手ぬい糸

スカート

きものの下部分（えりを外したもの）を使います。裏地も一緒に裁ちます。

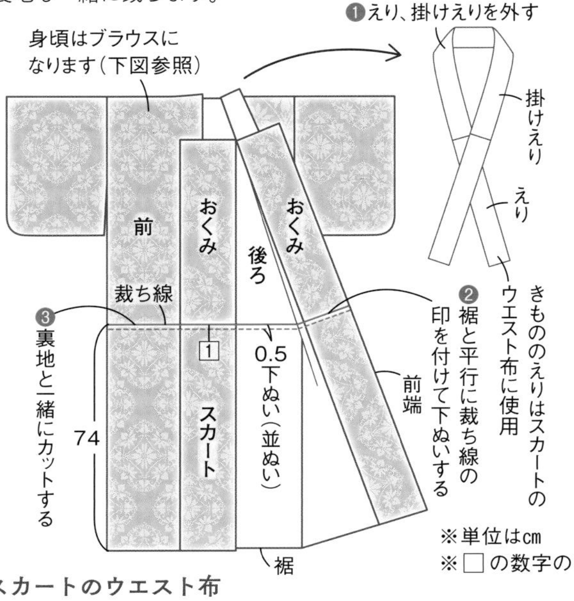

身頃はブラウスになります（下図参照）
❶えり、掛けえりを外す
掛けえり
えり
前
おくみ
おくみ
後ろ
裁ち線
❸裏地と一緒にカットする
1
0.5
下ぬい（並ぬい）
スカート
74
前端
❷裾と平行に裁ち線の印を付けて下ぬいする
きもののえりはスカートのウエスト布に使用
裾

※単位は㎝
※□の数字のぬい代を含む

スカートのウエスト布

外したきもののえりを使います。

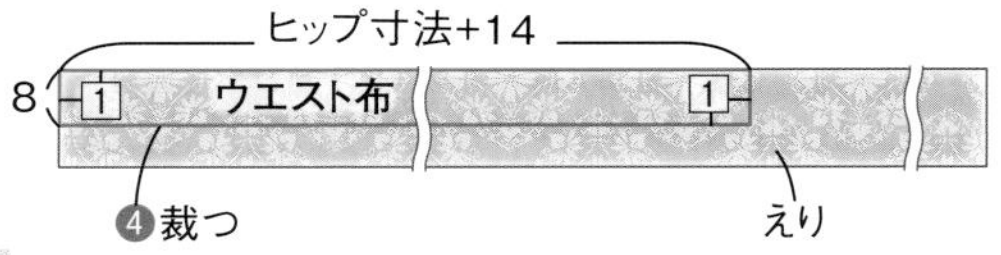

ヒップ寸法+14
8
1
ウエスト布
1
❹裁つ
えり

ブラウス

きものの上部分（えりとおくみを外したもの）を使います。裏地も一緒にずれないように裁ちます。

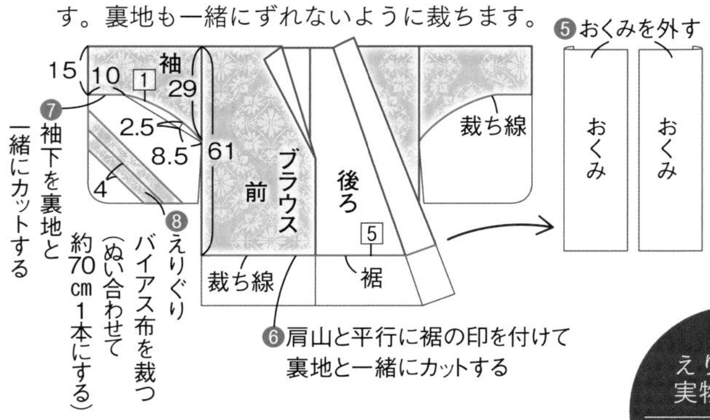

❺おくみを外す
15
10
1
袖
29
❼袖下を裏地と一緒にカットする
2.5
8.5
61
4
前
ブラウス
後ろ
裁ち線
5
裾
裁ち線
おくみ
おくみ
❽えりぐりバイアス布を裁つ（ぬい合わせて約70㎝1本にする）
❻肩山と平行に裾の印を付けて裏地と一緒にカットする

えりぐりの実物大型紙 P28

えりぐりの裁ち方

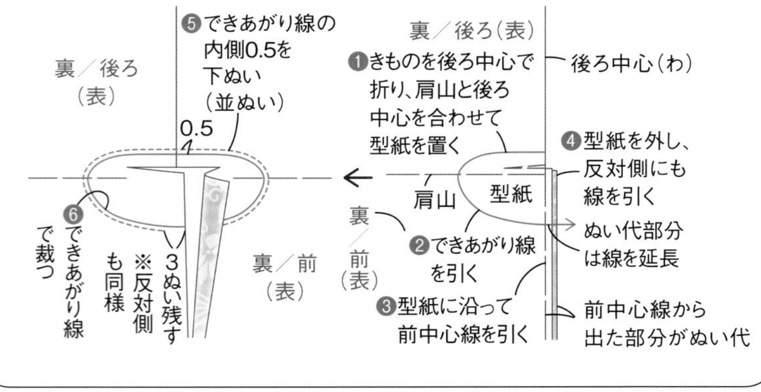

❺できあがり線の内側0.5を下ぬい（並ぬい）
裏／後ろ（表）
0.5
❻できあがり線で裁つ
※反対側も同様
3ぬい残す
裏／前（表）
裏／後ろ（表）
❶きものを後ろ中心で折り、肩山と後ろ中心を合わせて型紙を置く
後ろ中心（わ）
❹型紙を外し、反対側にも線を引く
肩山
型紙
裏／前（表）
❷できあがり線を引く
ぬい代部分は線を延長
❸型紙に沿って前中心線を引く
前中心線から出た部分がぬい代

ブラウス

1. 補強ぬいをする

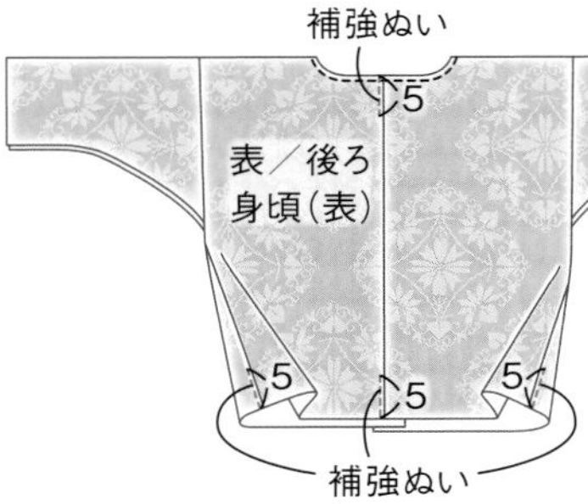

補強ぬい
5
表／後ろ
身頃（表）
5
5
5
補強ぬい

きものの元のぬい目がほつれないよう、ぬい目の際を表側から5㎝並ぬいして補強する。ぬい始めとぬい終わりは2〜3回返しぬいをする。

補強ぬいをした後ろ中心

3. えりぐりをバイアス布でくるむ

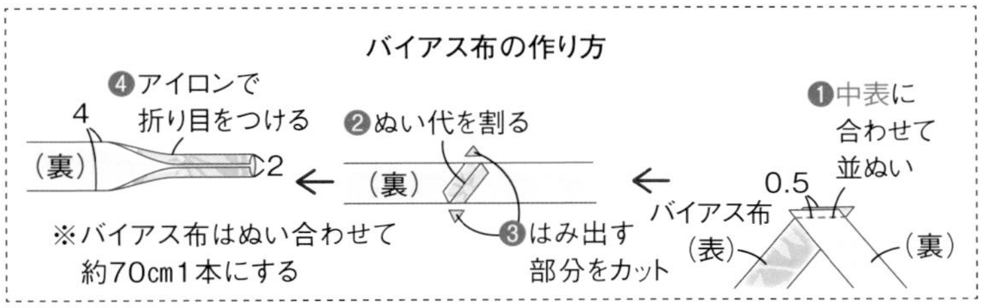

バイアス布の作り方
❹アイロンで
折り目をつける
4
（裏）
2
※バイアス布はぬい合わせて
約70㎝1本にする
❷ぬい代を割る
（裏）
❸はみ出す
部分をカット
❶中表に
合わせて
並ぬい
0.5
バイアス布
（表）
（裏）

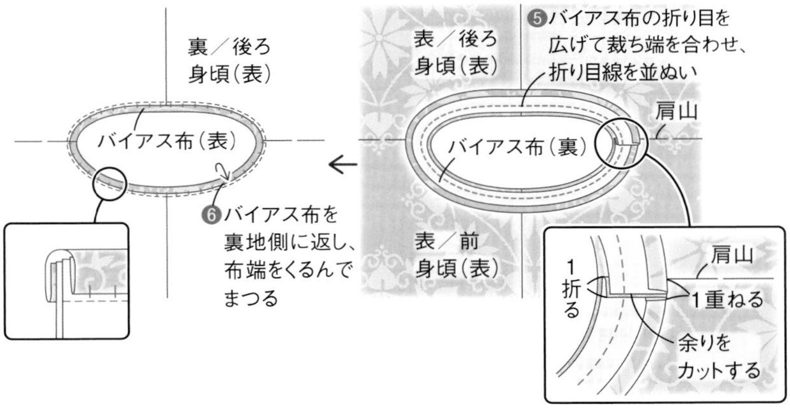

裏／後ろ
身頃（表）
バイアス布（表）
❻バイアス布を
裏地側に返し、
布端をくるんで
まつる
表／後ろ
身頃（表）
❺バイアス布の折り目を
広げて裁ち端を合わせ、
折り目線を並ぬい
肩山
バイアス布（裏）
表／前
身頃（表）
肩山
1
折る
1重ねる
余りを
カットする

2. 前中心をぬう

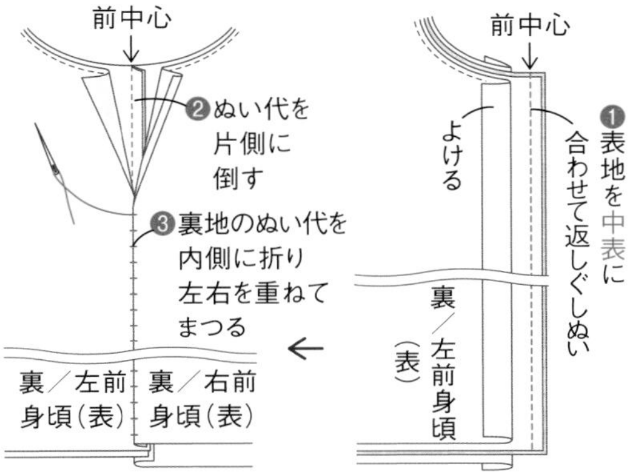

前中心
❷ぬい代を
片側に
倒す
❸裏地のぬい代を
内側に折り
左右を重ねて
まつる
裏／左前
身頃（表）
裏／右前
身頃（表）
前中心
よける
❶表地を中表に合わせて返しぐしぬい
裏／左前身頃（表）

4. 袖下をぬう

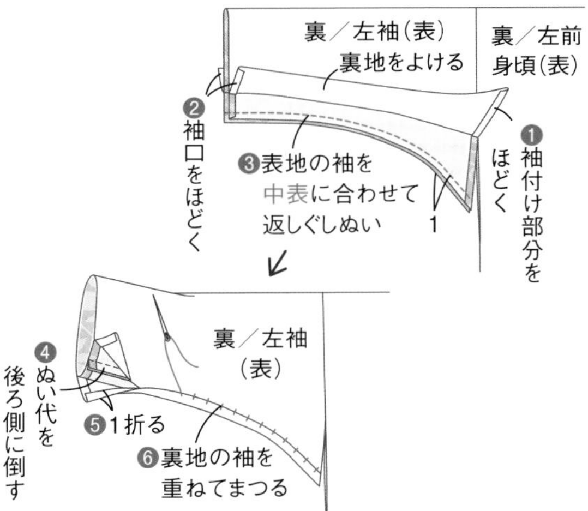

裏／左袖（表）
裏地をよける
裏／左前
身頃（表）
❷袖口をほどく
❸表地の袖を
中表に合わせて
返しぐしぬい
1
❶袖付け部分をほどく
裏／左袖
（表）
❹ぬい代を後ろ側に倒す
❺1折る
❻裏地の袖を
重ねてまつる

※右袖も同様にぬう

5. 袖と脇をぬう

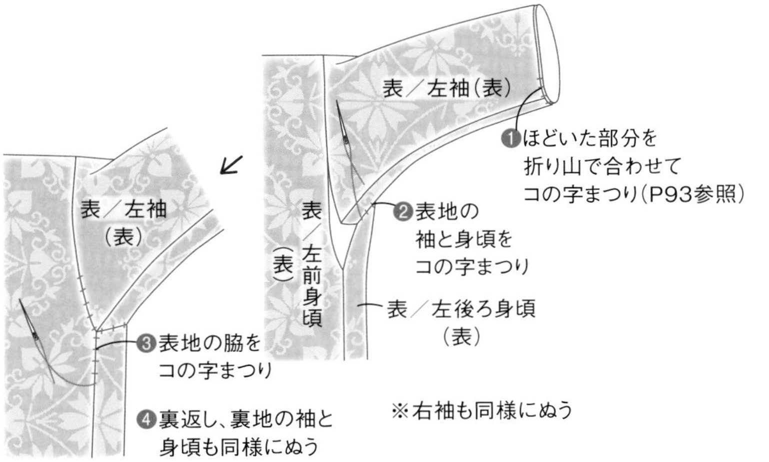

表／左袖（表）
❶ほどいた部分を
折り山で合わせて
コの字まつり（P93参照）
表／左前身頃（表）
❷表地の
袖と身頃を
コの字まつり
表／左後ろ身頃
（表）
表／左袖
（表）
❸表地の脇を
コの字まつり
❹裏返し、裏地の袖と
身頃も同様にぬう

※右袖も同様にぬう

6.　裾をぬう

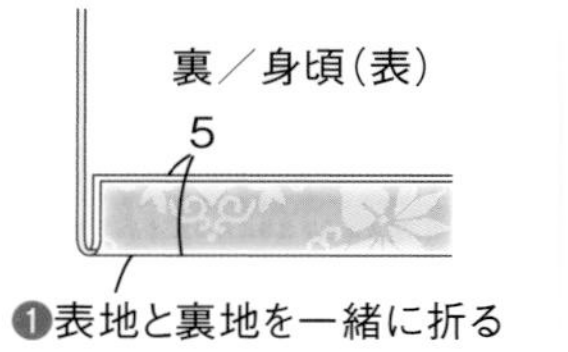

裏／身頃（表）
5
❶表地と裏地を一緒に折る

↓

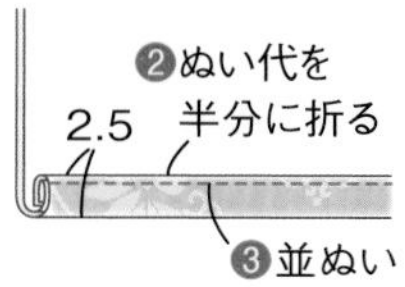

❷ぬい代を
半分に折る
2.5
❸並ぬい

7.　タックを畳んでぬう

タックの畳み方

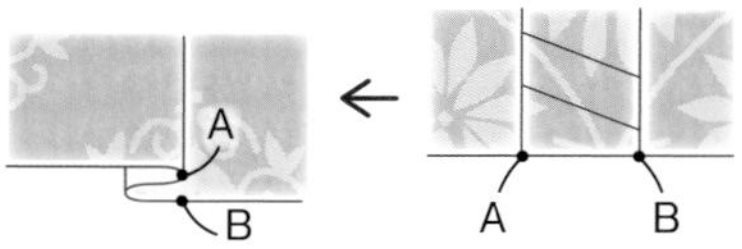

A
B
A
B

斜線の高い方から低い方に
向かって布を畳み、AとBを合わせる

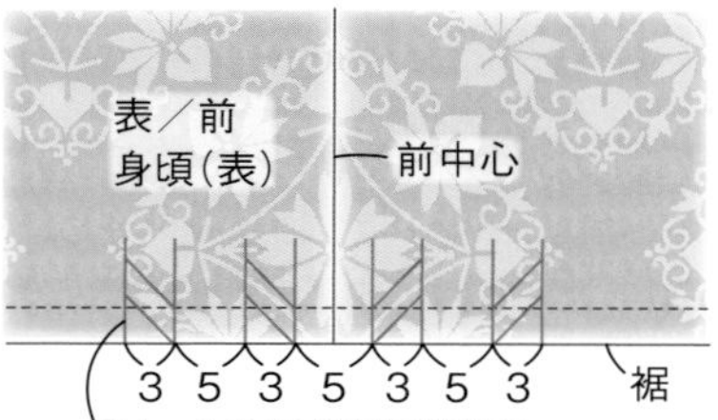

表／前
身頃（表）
前中心
3 5 3 5 3 5 3
裾
❶タックの印を表に付ける

↓

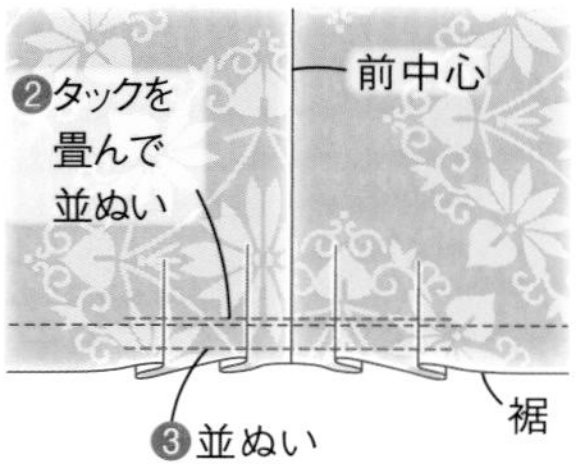

前中心
❷タックを
畳んで
並ぬい
裾
❸並ぬい

←

着丈56

えりぐりの実物大型紙

実物大型紙の使い方はP26参照

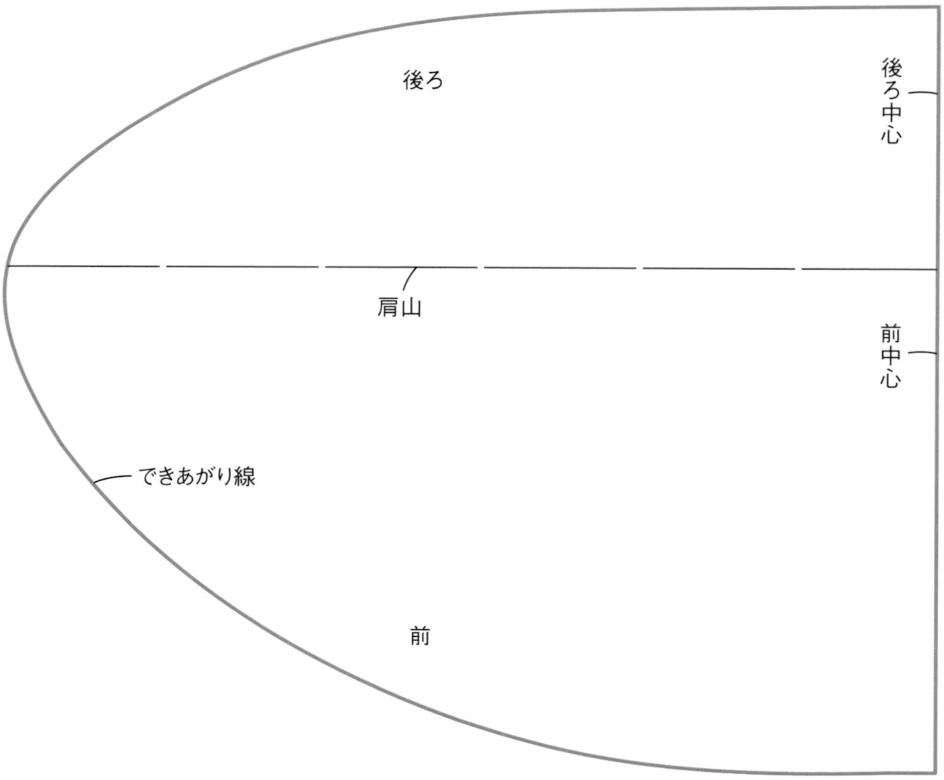

後ろ
後ろ中心
肩山
前中心
できあがり線
前

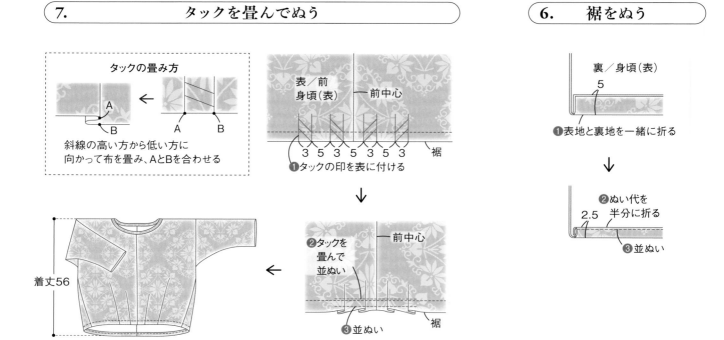

スカート

1. ウエスト側を補強ぬいする

補強ぬいをした後ろ中心

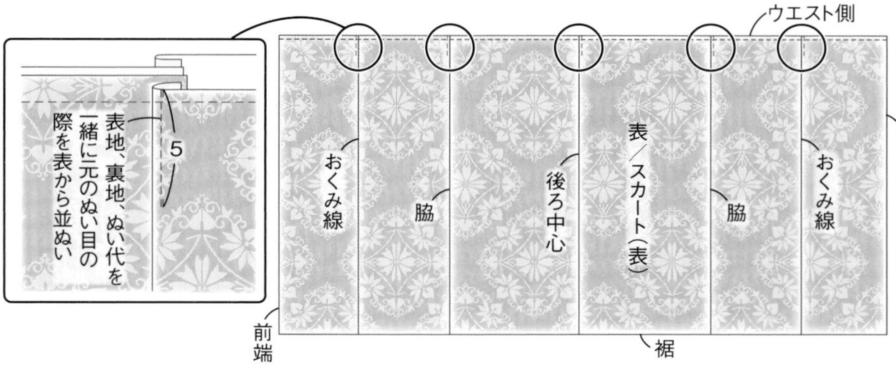
ウエスト側
表地、裏地、ぬい代を一緒に元のぬい目の際を表から並ぬい
5
おくみ線
脇
後ろ中心
表／スカート（表）
脇
おくみ線
前端
前端
裾

2. 両端を重ねてぬう

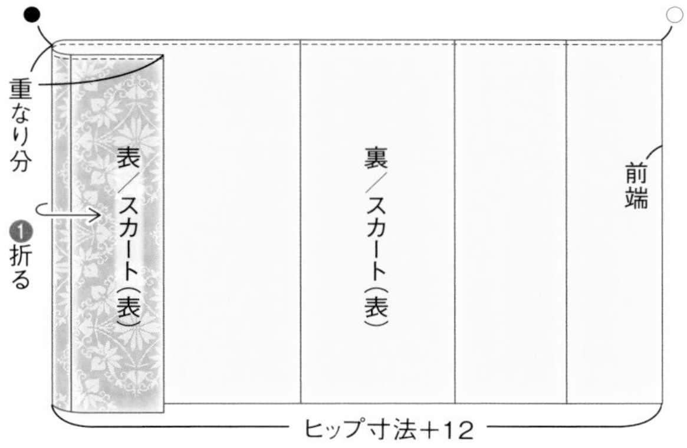
●
○
重なり分
❶折る
表／スカート（表）
裏／スカート（表）
前端
ヒップ寸法＋12

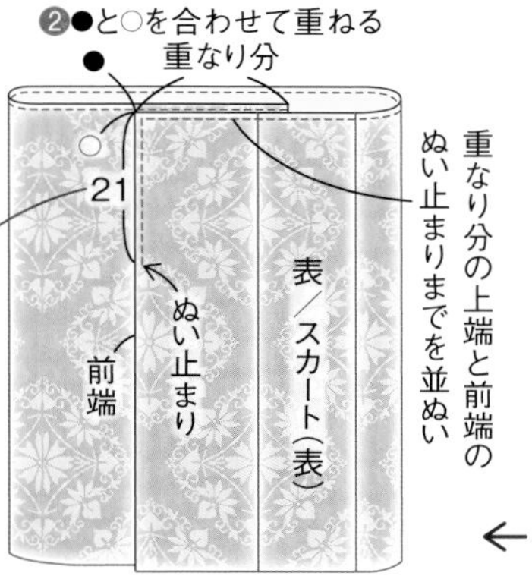
❷●と○を合わせて重ねる
重なり分
21
ぬい止まり
前端
表／スカート（表）
重なり分の上端と前端のぬい止まりまでを並ぬい

並ぬいをした前端
（表から見える部分）

3. ウエスト布をぬう

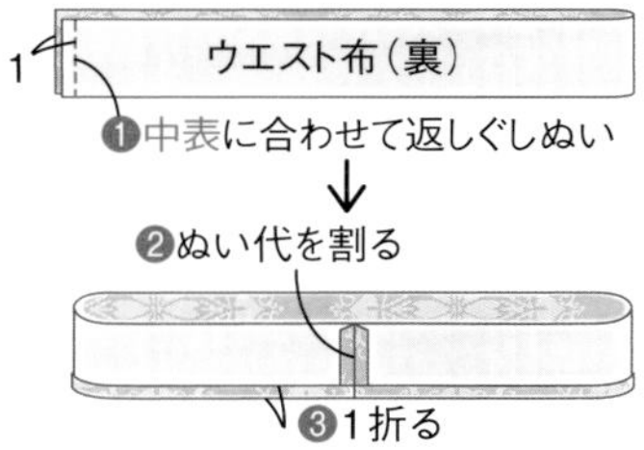
1
ウエスト布（裏）
❶中表に合わせて返しぐしぬい
❷ぬい代を割る
❸1折る

4. ウエスト布を付ける

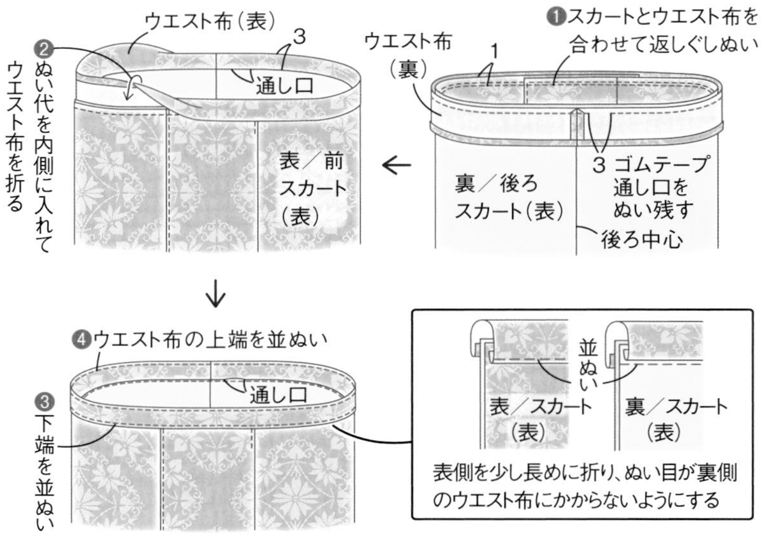
ウエスト布（裏）
1
❶スカートとウエスト布を合わせて返しぐしぬい
3 ゴムテープ通し口をぬい残す
裏／後ろスカート（表）
後ろ中心
ウエスト布（表）
3
通し口
❷ぬい代を内側に入れてウエスト布を折る
表／前スカート（表）
❹ウエスト布の上端を並ぬい
通し口
❸下端を並ぬい
並ぬい
表／スカート（表）
裏／スカート（表）
表側を少し長めに折り、ぬい目が裏側のウエスト布にかからないようにする

5. ゴムテープを通す

❶ゴムテープを通す
76
通し口をとじる
ゴムテープ
❷両端を2重ねて半返しぬい

きもの
Remake
4
カーディガンとブラウス
単衣のきものから、涼し気なアンサンブルを

木綿のカーディガンは、夏の羽織物に

カーディガンはきものの上部から、ブラウスは裾部分から、きものの背ぬいや脇、袖付けをほどかずに作っています。素材は木綿。気軽に洗濯ができるので夏服にぴったりです。とりわけ長袖のカーディガンは、エアコン対策にもおすすめ。小さく畳めるので旅先などでもきっと重宝します。

すっきりとしたノーカラー

えりぐりは程よい開きを作り、バイアス布でくるんで仕上げます。袖口はゴムを入れてふわりと。

ブラウスは、愛らしいフレンチスリーブ

きものの形を生かして裁ちましょう

リメイク前

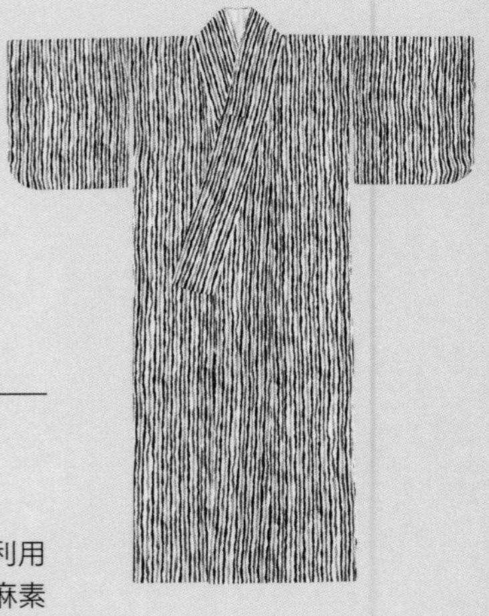

きものの素材
木綿

夏服にするなら浴衣を利用しても。風通しのいい麻素材も向いています。紬や縮緬などを使うとまた違う雰囲気になります。

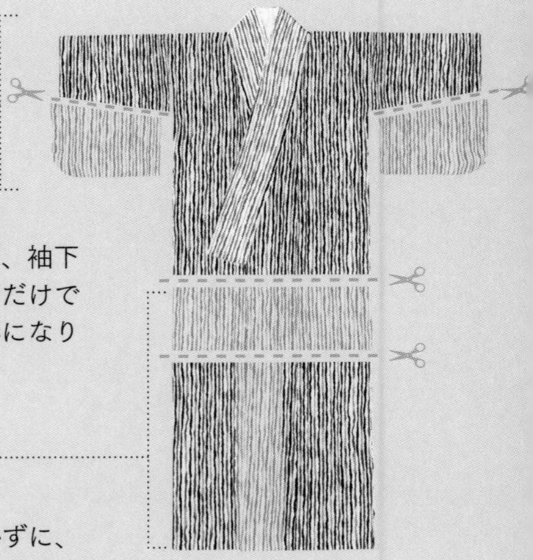

上部分からカーディガンを
きもののえりを外し、袖下を写真のように裁つだけでカーディガンの原形になります。

下部分からブラウスを
背ぬいや脇をほどかずに、横長の長方形の布をそのまま使います。

完成

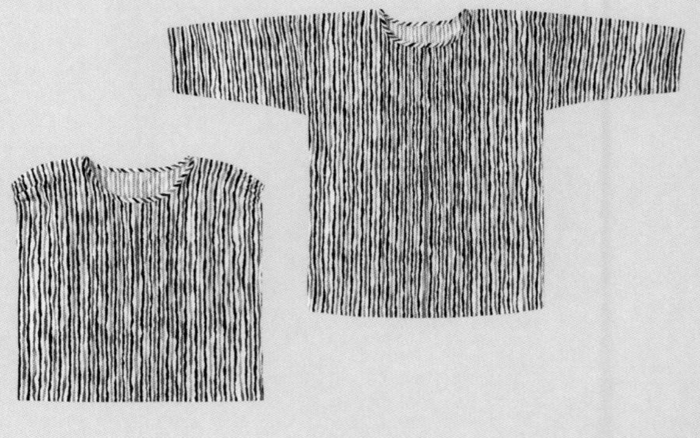

材料
単衣のきもの…1枚
スプリングホック（カーディガン用）…1組
ゴムテープ（ブラウス用）…0.5cm幅30cm
手ぬい糸

裁ち方

※単位はcm
※□の数字のぬい代を含む

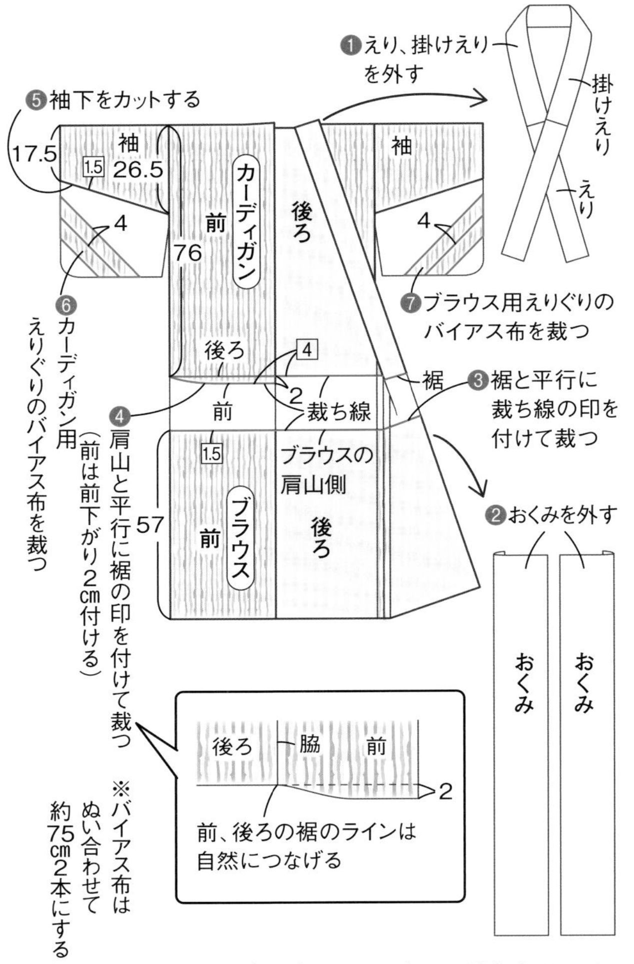

①えり、掛けえりを外す
掛けえり
えり
⑤袖下をカットする
17.5
袖
1.5
26.5
4
⑥カーディガン用えりぐりのバイアス布を裁つ
76
前
カーディガン
後ろ
⑦ブラウス用えりぐりのバイアス布を裁つ
後ろ
4
2
前
裁ち線
裾
③裾と平行に裁ち線の印を付けて裁つ
④肩山と平行に裾の印を付けて裁つ
（前は前下がり2cm付ける）
1.5
ブラウスの肩山側
57
前
ブラウス
後ろ
②おくみを外す
おくみ
おくみ
後ろ
脇
前
2
前、後ろの裾のラインは自然につなげる
※バイアス布はぬい合わせて約75cm2本にする

※カーディガンのえりぐりの裁ち方はP33、ブラウスのえりぐりの裁ち方はP34参照。

バイアス布の作り方

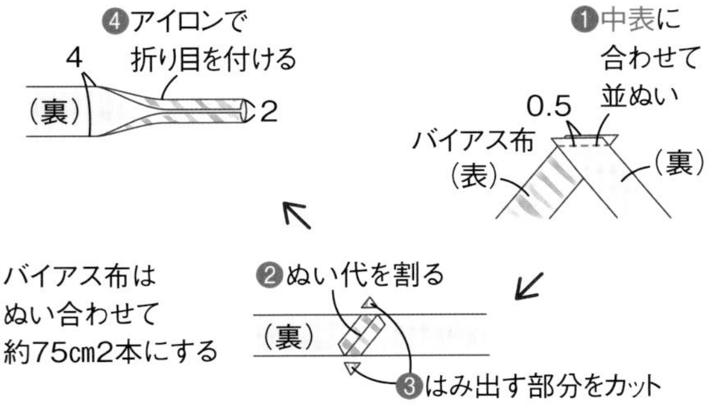

④アイロンで折り目を付ける
4
（裏）
2
①中表に合わせて並ぬい
0.5
バイアス布
（表）
（裏）
※バイアス布はぬい合わせて約75cm2本にする
②ぬい代を割る
（裏）
③はみ出す部分をカット

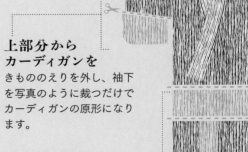

カーディガン

えりぐりの
実物大型紙
P35

1. 型紙を使ってえりぐりを裁つ

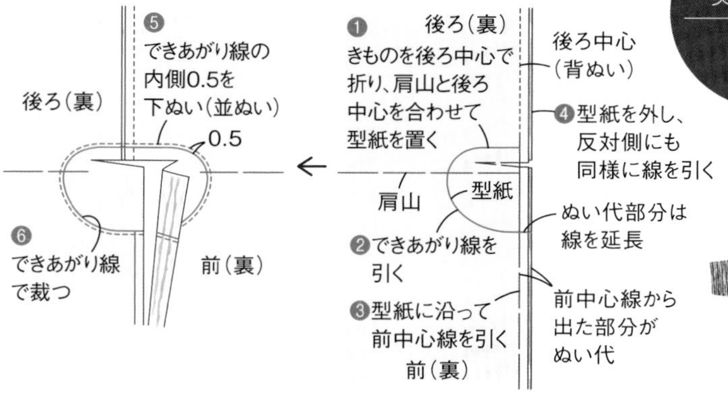
❶ 後ろ（裏）
きものを後ろ中心で折り、肩山と後ろ中心を合わせて型紙を置く
後ろ中心（背ぬい）
❹型紙を外し、反対側にも同様に線を引く
肩山
型紙
ぬい代部分は線を延長
❷できあがり線を引く
❸型紙に沿って前中心線を引く
前中心線から出た部分がぬい代
前（裏）
❺ できあがり線の内側0.5を下ぬい（並ぬい）
0.5
後ろ（裏）
❻ できあがり線で裁つ
前（裏）

2. 補強ぬいをする

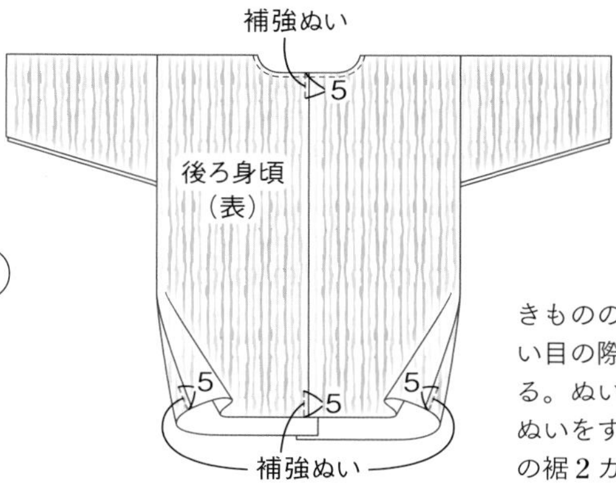
補強ぬい
5
後ろ身頃（表）
5
5
5
補強ぬい

補強ぬいをした後ろ中心

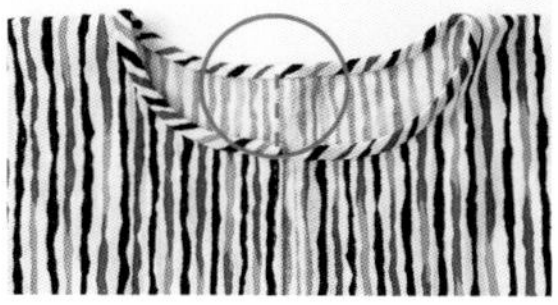

きものの元のぬい目がほつれないよう、ぬい目の際を表側から5㎝並ぬいして補強する。ぬい始めとぬい終わりは2～3回返しぬいをする。ここでは後ろ中心の上下と脇の裾2カ所をぬう。

3. 前身頃の端をぬう

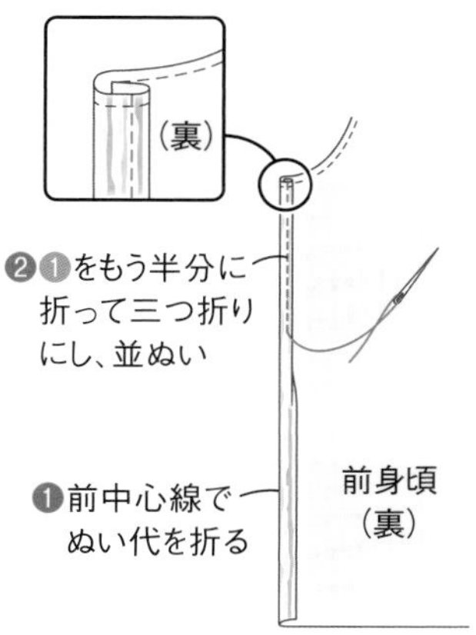
（裏）
❷❶をもう半分に折って三つ折りにし、並ぬい
❶前中心線でぬい代を折る
前身頃（裏）

4. えりぐりをバイアス布でくるむ

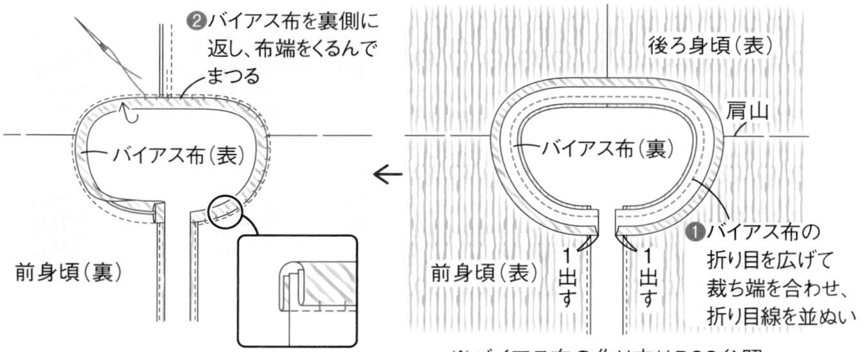
後ろ身頃（表）
肩山
バイアス布（裏）
前身頃（表）
1出す
1出す
❶バイアス布の折り目を広げて裁ち端を合わせ、折り目線を並ぬい
❷バイアス布を裏側に返し、布端をくるんでまつる
バイアス布（表）
前身頃（裏）

※バイアス布の作り方はP32参照

5. 袖下、袖付け、脇をぬう

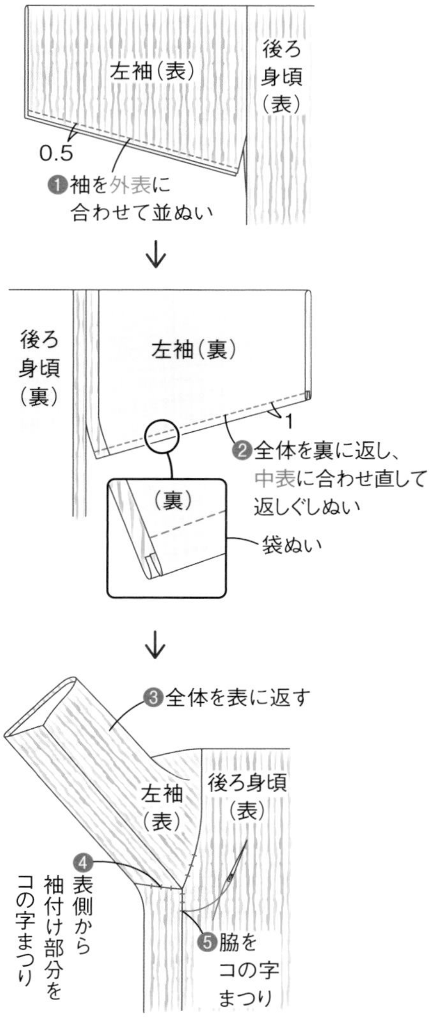
左袖（表）
後ろ身頃（表）
0.5
❶袖を外表に合わせて並ぬい
後ろ身頃（裏）
左袖（裏）
1
❷全体を裏に返し、中表に合わせ直して返しぐしぬい
（裏）
袋ぬい
❸全体を表に返す
左袖（表）
後ろ身頃（表）
❹表側から袖付け部分をコの字まつり
❺脇をコの字まつり

※右袖も同様にぬう

6. 裾をぬい、スプリングホックを付ける

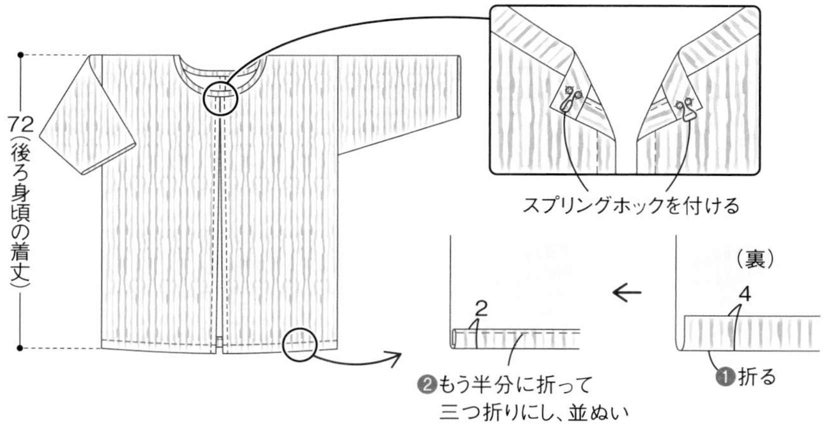
72（後ろ身頃の着丈）
スプリングホックを付ける
（裏）
4
❶折る
2
❷もう半分に折って三つ折りにし、並ぬい

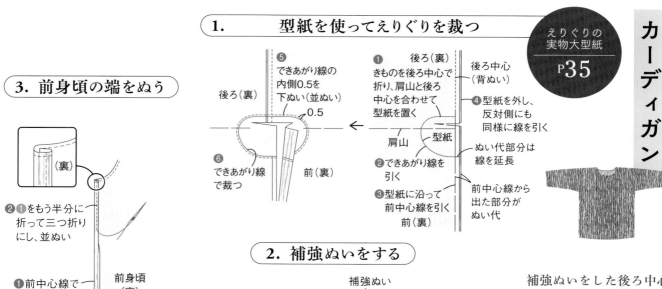

ブラウス

えりぐりの
実物大型紙
P35

1. 型紙を使ってえりぐりを裁つ

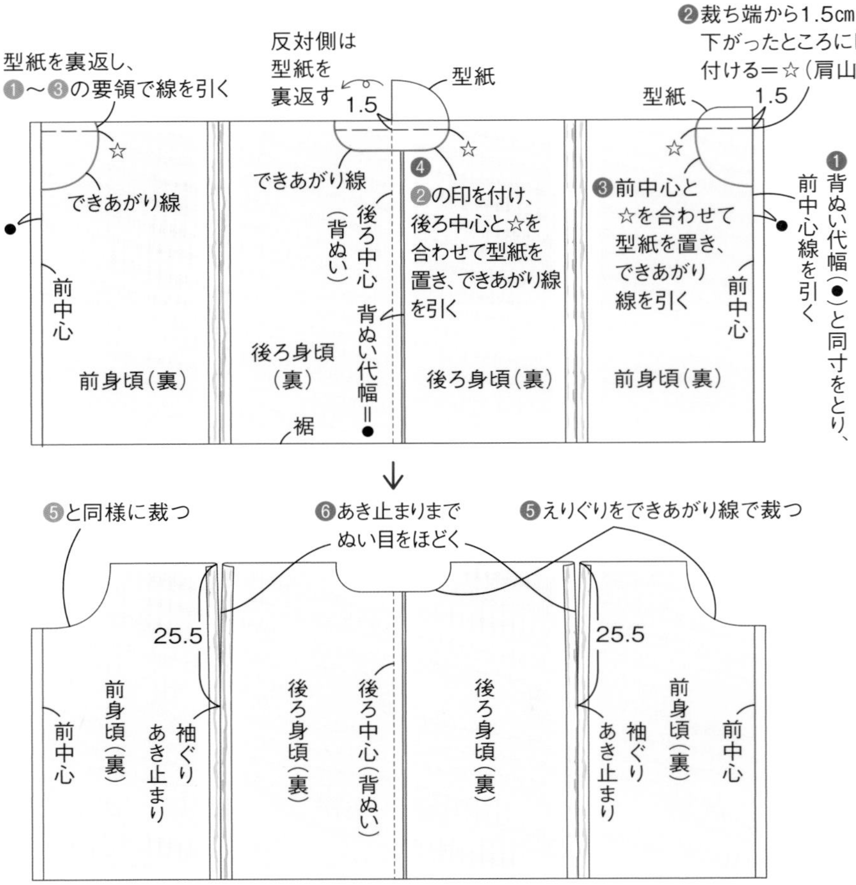
型紙を裏返し、
❶〜❸の要領で線を引く
反対側は
型紙を
裏返す
1.5
型紙
❷裁ち端から1.5cm
下がったところに印を
付ける＝☆（肩山）
型紙
1.5
☆
☆
☆
できあがり線
できあがり線
❹
❷の印を付け、
後ろ中心と☆を
合わせて型紙を
置き、できあがり線
を引く
❸前中心と
☆を合わせて
型紙を置き、
できあがり
線を引く
❶背ぬい代幅（●）と同寸をとり、前中心線を引く
後ろ中心（背ぬい）
背ぬい代幅＝●
前中心
前中心
後ろ身頃（裏）
前身頃（裏）
後ろ身頃（裏）
前身頃（裏）
裾
❺と同様に裁つ
❻あき止まりまで
ぬい目をほどく
❺えりぐりをできあがり線で裁つ
25.5
25.5
前中心
前身頃（裏）
袖ぐりあき止まり
後ろ身頃（裏）
後ろ中心（背ぬい）
後ろ身頃（裏）
袖ぐりあき止まり
前身頃（裏）
前中心

2. 肩をぬう

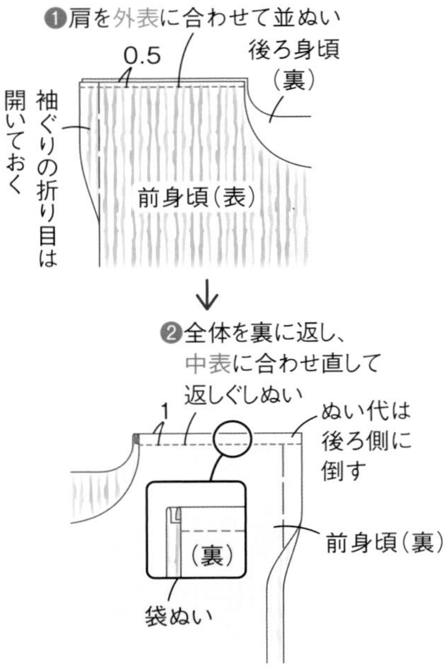
❶肩を外表に合わせて並ぬい
0.5
後ろ身頃
（裏）
袖ぐりの折り目は開いておく
前身頃（表）
❷全体を裏に返し、
中表に合わせ直して
返しぐしぬい
1
ぬい代は
後ろ側に
倒す
（裏）
前身頃（裏）
袋ぬい

※反対側も同様にぬう

3. 補強ぬいをする

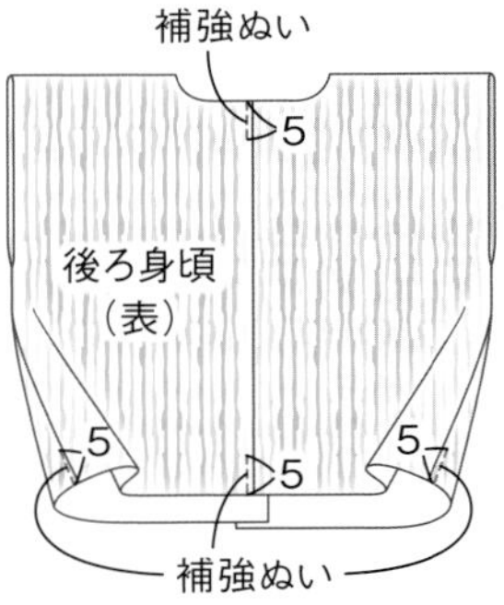
補強ぬい
5
後ろ身頃
（表）
5
5
5
補強ぬい

4. えりぐりを下ぬいし、前身頃をぬう

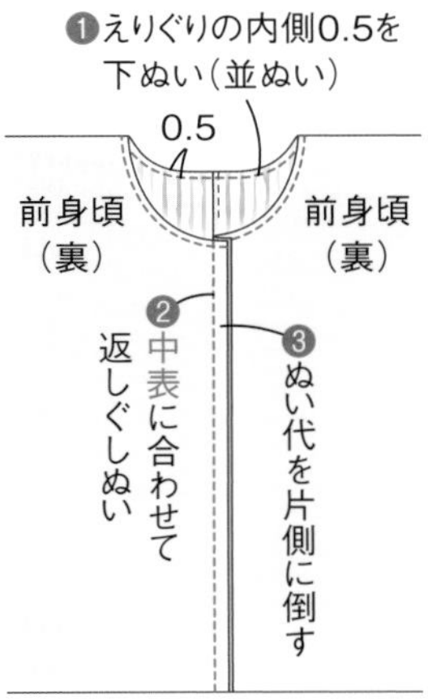
❶えりぐりの内側0.5を
下ぬい（並ぬい）
0.5
前身頃
（裏）
前身頃
（裏）
❷中表に合わせて
返しぐしぬい
❸ぬい代を片側に倒す

5. えりぐりをバイアス布でくるむ

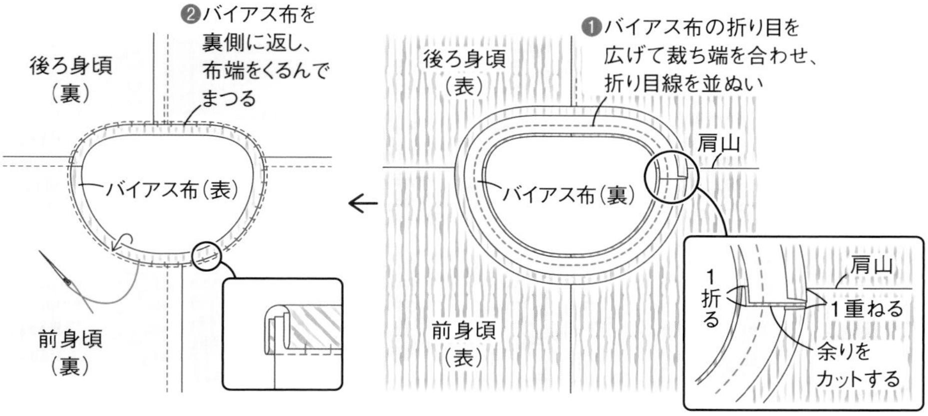
後ろ身頃
（裏）
❷バイアス布を
裏側に返し、
布端をくるんで
まつる
バイアス布（表）
前身頃
（裏）
後ろ身頃
（表）
❶バイアス布の折り目を
広げて裁ち端を合わせ、
折り目線を並ぬい
肩山
バイアス布（裏）
前身頃
（表）
1
折る
肩山
1重ねる
余りを
カットする

※バイアス布の作り方はP32参照

6. 袖ぐりをぬう

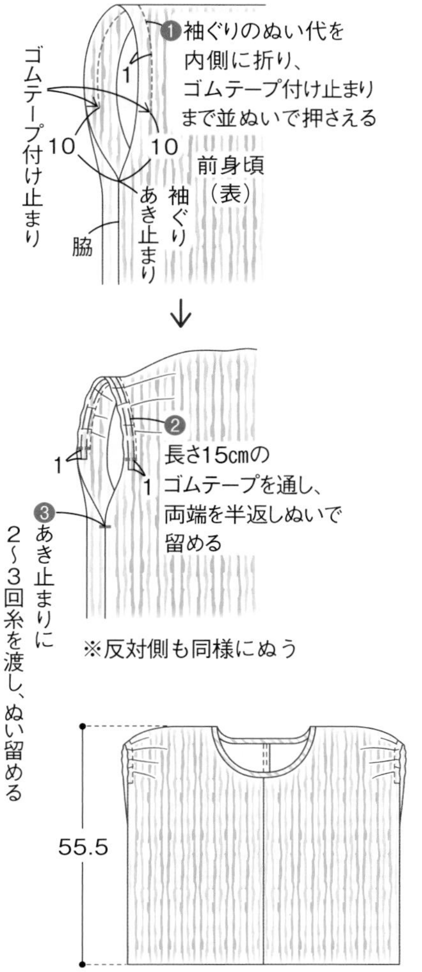
❶袖ぐりのぬい代を
内側に折り、
ゴムテープ付け止まり
まで並ぬいで押さえる
ゴムテープ付け止まり
1
10
10
前身頃
（表）
脇
あき止まり
袖ぐり
❷
長さ15㎝の
ゴムテープを通し、
両端を半返しぬいで
留める
1
1
❸あき止まりに
2~3回糸を渡し、ぬい留める
55.5

※反対側も同様にぬう

えりぐりの実物大型紙

実物大型紙の使い方はP33（カーディガン）、P34（ブラウス）参照

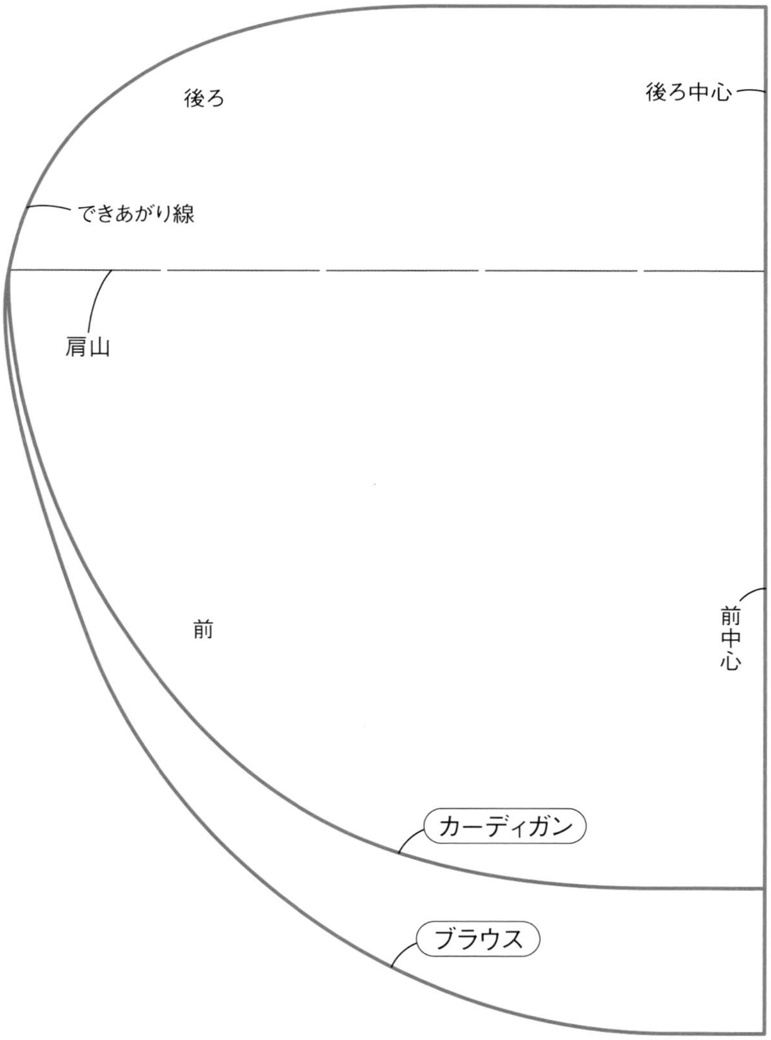
後ろ
後ろ中心
できあがり線
肩山
前
前中心
カーディガン
ブラウス

きもの Remake

5

脇を開けた新しい形です

ショート&ロングベスト

軽快なショート丈。
脇のリボンがアクセントです

2枚のベストは着丈ときもの地を変えています。脇のリボンを結ぶいま流行りのデザインで、どちらも似た手順で作れます。ショート丈の方は肩に掛けるような軽い着心地。きもの地の幅を生かし、脇を開けてあるので身幅はゆったりです。シンプルなTシャツやブラウスに重ねてカジュアルに楽しめます。

肩はフレンチスリーブ風

きもの地の幅をそのまま使っているので、肩が自然に落ちてフレンチスリーブのようになります。

色柄が映えるロング丈。裾の揺れ感がすてき

丈を長くするとチュニック感覚で着られるベストに。えりぐりは緩やかなラウンド形。程よい開きがあるので胸元がきれいに見えます。

きものの形を生かして裁ちましょう

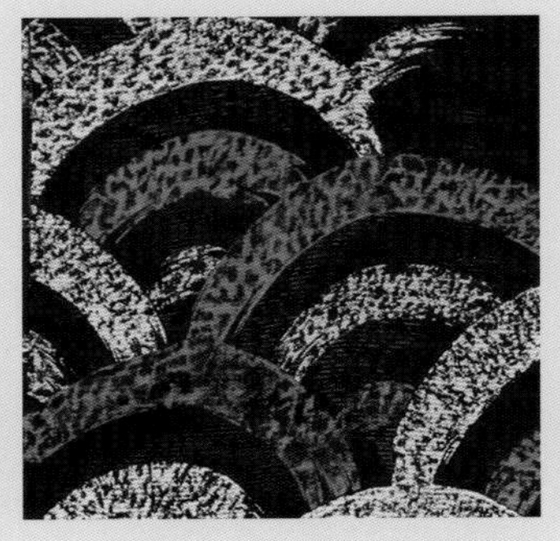

きものの素材

単衣の絽

透け感のある夏きものの素材・絽も夏仕様のベストにぴったり。薄手でさらっとしているので着心地が軽く、見た目も涼やかです。

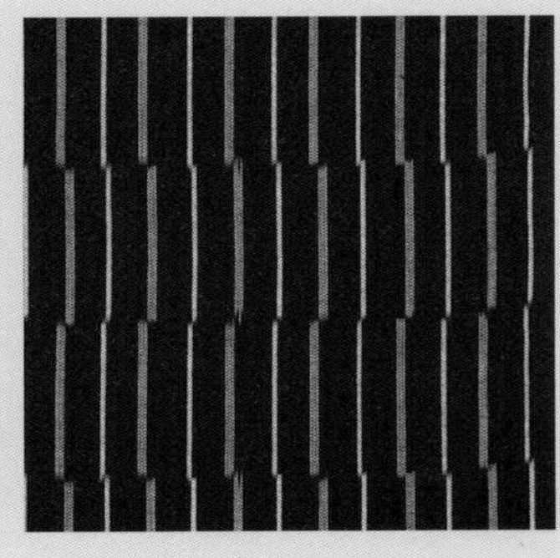

きものの素材

単衣の絣

手触りが柔らかくぬいやすい木綿の久留米絣を使いました。家で手軽に洗濯ができるので春から夏に活躍しそうです。

裁ち方

※単位はcm

ロングベスト

材料
単衣のきもの…1枚
手ぬい糸

ショートベスト

材料
単衣のきもの…1枚
手ぬい糸

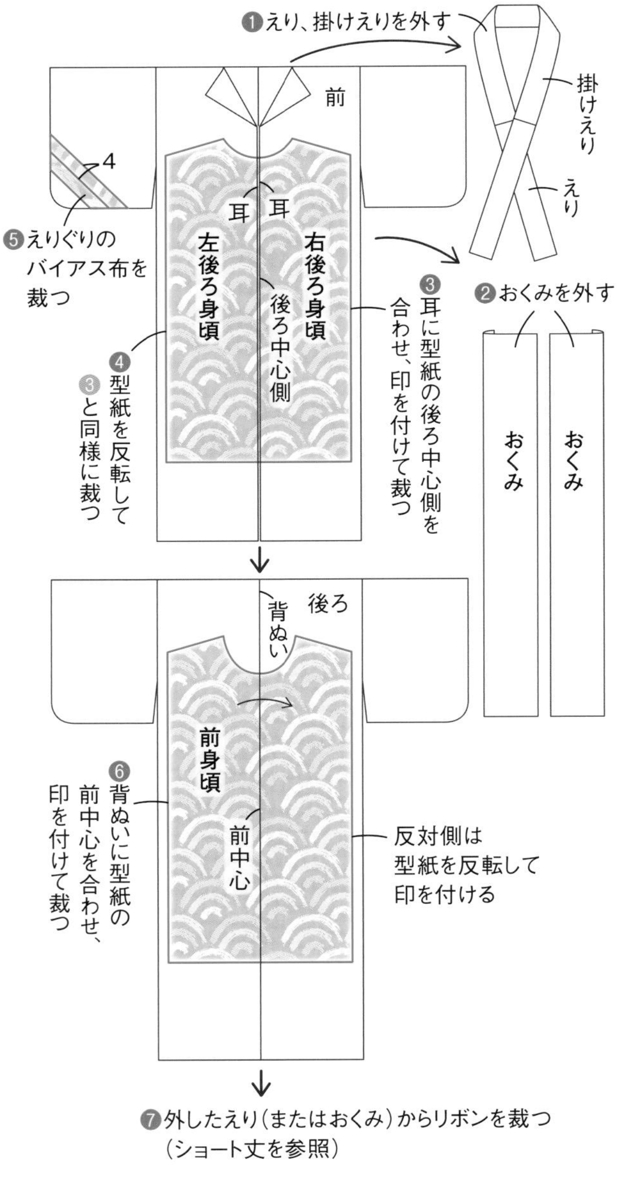

❶えり、掛けえりを外す
前
掛けえり
えり
4
❺えりぐりのバイアス布を裁つ
耳
耳
左後ろ身頃
右後ろ身頃
後ろ中心側
❸耳に型紙の後ろ中心側を合わせ、印を付けて裁つ
❹型紙を反転して❸と同様に裁つ
❷おくみを外す
おくみ
おくみ
後ろ
背ぬい
前身頃
前中心
❻背ぬいに型紙の前中心を合わせ、印を付けて裁つ
反対側は型紙を反転して印を付ける
❼外したえり（またはおくみ）からリボンを裁つ（ショート丈を参照）

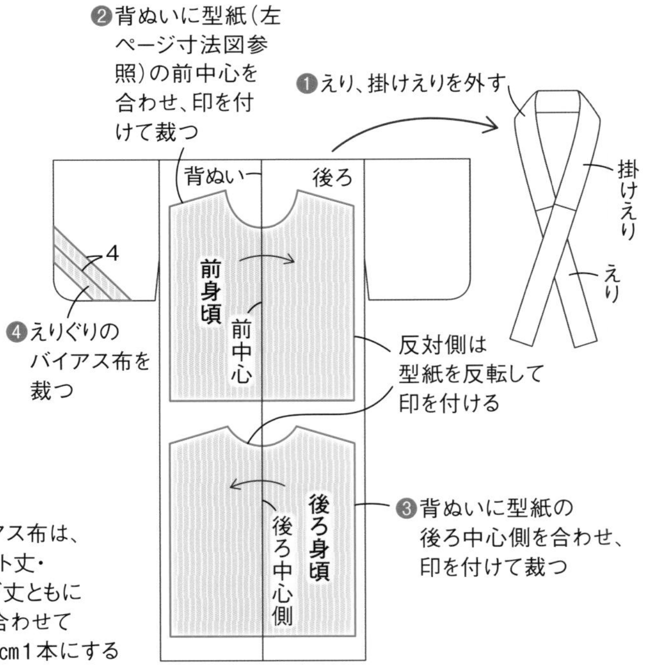

❷背ぬいに型紙（左ページ寸法図参照）の前中心を合わせ、印を付けて裁つ
❶えり、掛けえりを外す
背ぬい
後ろ
掛けえり
えり
4
❹えりぐりのバイアス布を裁つ
前身頃
前中心
反対側は型紙を反転して印を付ける
後ろ身頃
後ろ中心側
❸背ぬいに型紙の後ろ中心側を合わせ、印を付けて裁つ

※バイアス布は、ショート丈・ロング丈ともにぬい合わせて約70cm1本にする

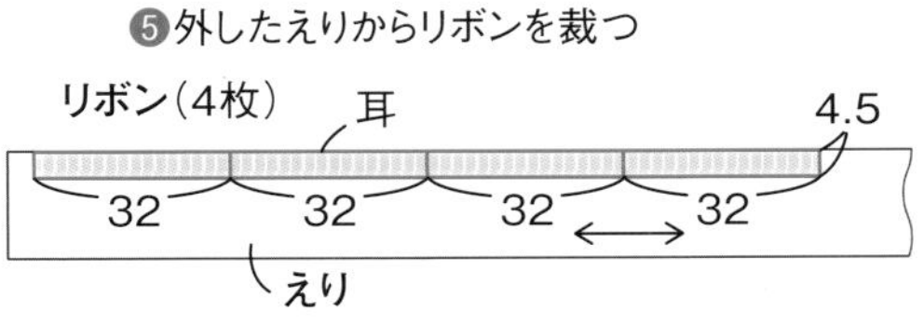

❺外したえりからリボンを裁つ
リボン（4枚）
耳
4.5
32
32
32
32
えり

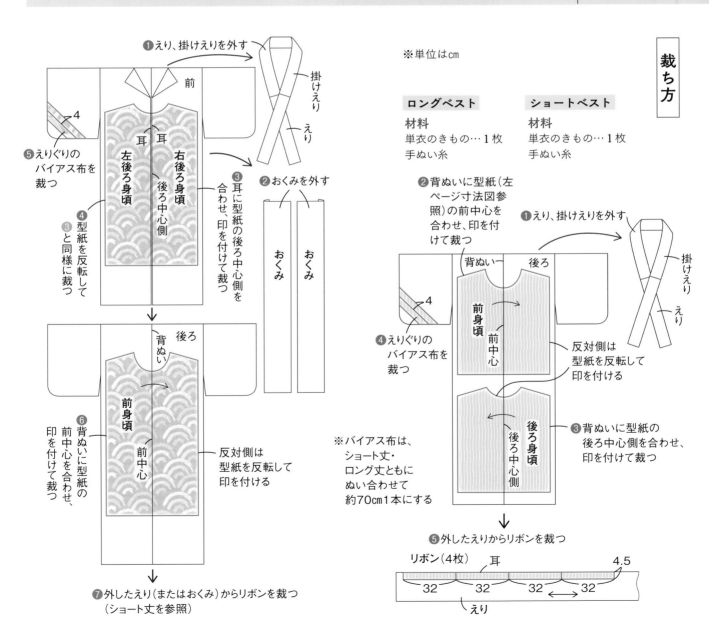

後ろ身頃を作る

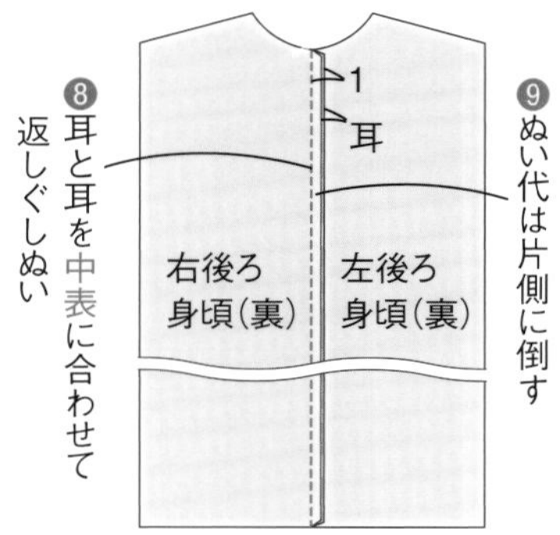

❽耳と耳を中表に合わせて返しぐしぬい
❾ぬい代は片側に倒す
1
耳
右後ろ身頃(裏)
左後ろ身頃(裏)

ロングベスト

ショートベスト

ロングベストは、きもの地を裁ったら、後ろ中心をぬい合わせて後ろ身頃を作ります。その後の作り方手順はショートベストと同じです。

前身頃は、きものの後ろ身頃の背ぬいをほどかず利用。後ろ身頃は、きものの前身頃から作ります（P38裁ち方と左図参照）。

きものの後ろ身頃の背ぬいをほどかずに生かします（P38裁ち方参照）。

寸法図

ショート&ロングベストは、自分のサイズに合わせて寸法を選べます。薄紙などで実物大型紙を作り、きもの地に当てて裁つといいでしょう。

身幅はバストサイズを、丈は身長を参考に選びます。

サイズ表

	M	L	LL
身長	156	160	162
バスト	84	92	100

※単位はcm

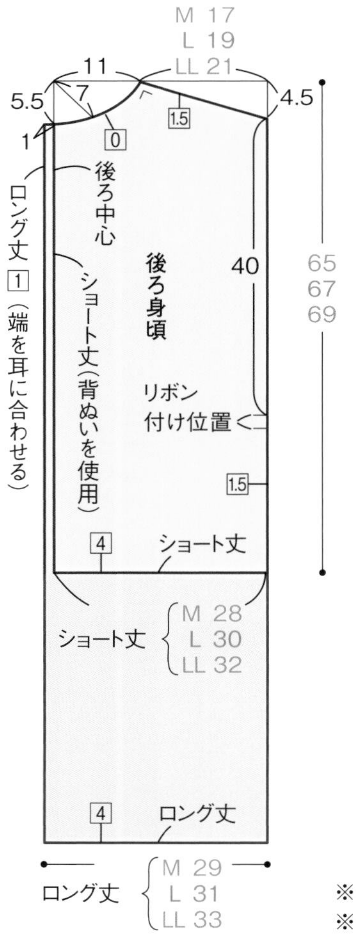

M 17
L 19
LL 21
11
5.5
7
4.5
1
0
1.5
後ろ中心
ロング丈 1（端を耳に合わせる）
ショート丈（背ぬいを使用）
後ろ身頃
40
65
67
69
リボン付け位置
1.5
4
ショート丈
ショート丈 M 28 L 30 LL 32
4
ロング丈
ロング丈 M 29 L 31 LL 33

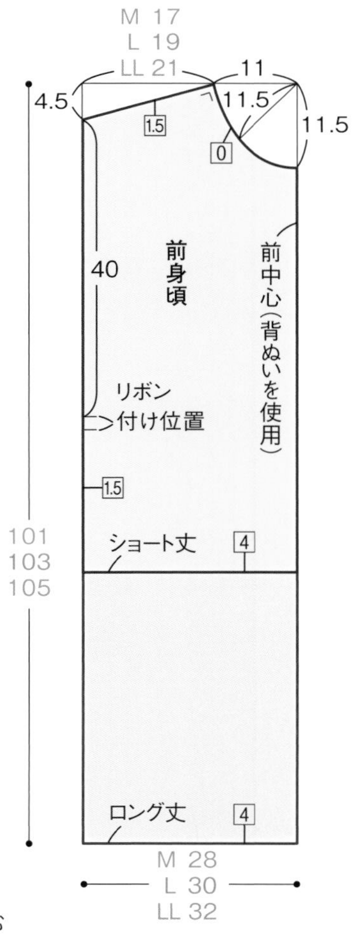

M 17
L 19
LL 21
11
4.5
11.5
11.5
1.5
0
40
前身頃
前中心（背ぬいを使用）
リボン付け位置
1.5
101
103
105
ショート丈
4
ロング丈
4
M 28
L 30
LL 32

※単位はcm
※□の数字のぬい代を含む

1.　補強ぬいをする

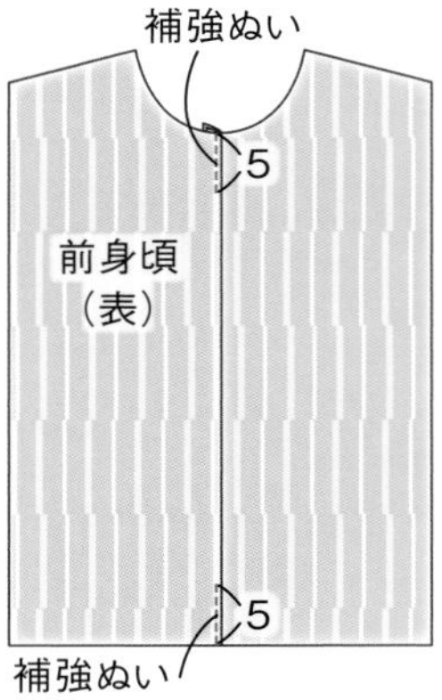

補強ぬい
5
前身頃
(表)
5
補強ぬい

きものの背ぬいを利用して裁ったパーツは、きものの元のぬい目がほつれないよう、ぬい目の際を表側から5cm並ぬいして補強する。
ぬい始めとぬい終わりは2〜3回返しぬいをする。

2.　肩をぬう

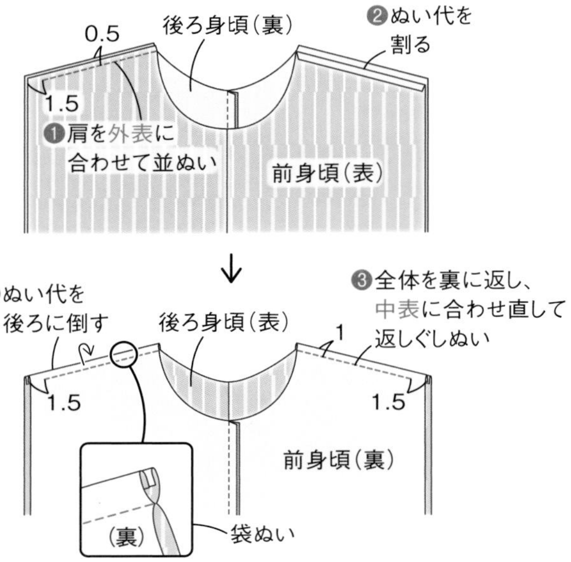

0.5
後ろ身頃(裏)
❷ぬい代を
割る
1.5
❶肩を外表に
合わせて並ぬい
前身頃(表)
❹ぬい代を
後ろに倒す
後ろ身頃(表)
❸全体を裏に返し、
中表に合わせ直して
返しぐしぬい
1
1.5
1.5
前身頃(裏)
(裏)
袋ぬい

3.　えりぐりを下ぬいする

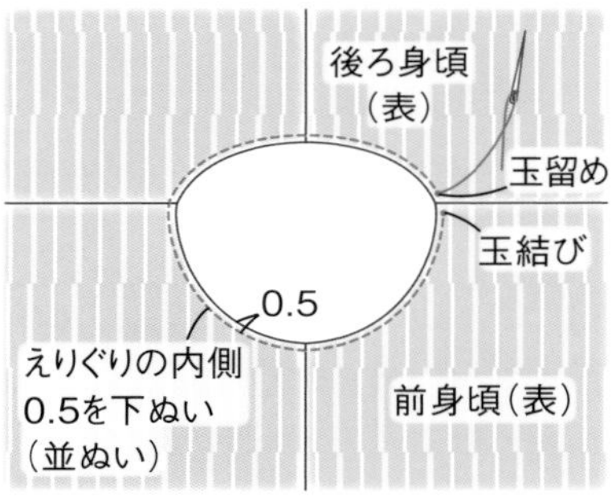

後ろ身頃
(表)
玉留め
玉結び
0.5
えりぐりの内側
0.5を下ぬい
(並ぬい)
前身頃(表)

バイアス布の作り方

バイアス布の作り方はショート丈・ロング丈共通です。

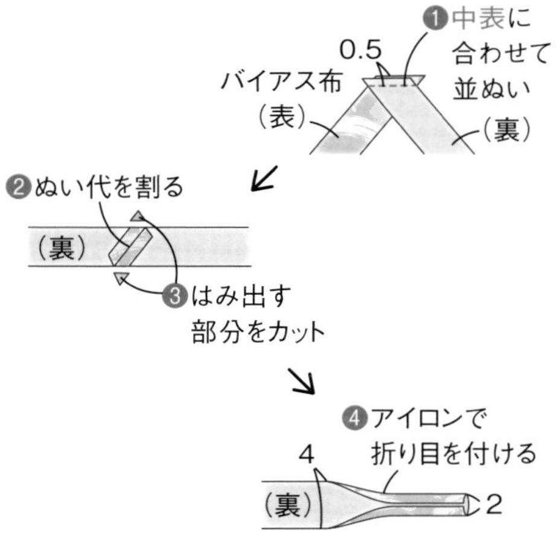

❶中表に
合わせて
並ぬい
0.5
バイアス布
(表)
(裏)
❷ぬい代を割る
(裏)
❸はみ出す
部分をカット
❹アイロンで
折り目を付ける
4
(裏)
2

※バイアス布はぬい合わせて約70cm1本にする

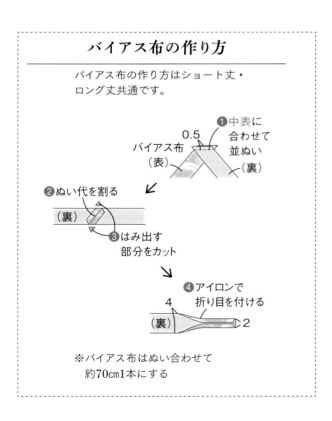

4. えりぐりをバイアス布でくるむ

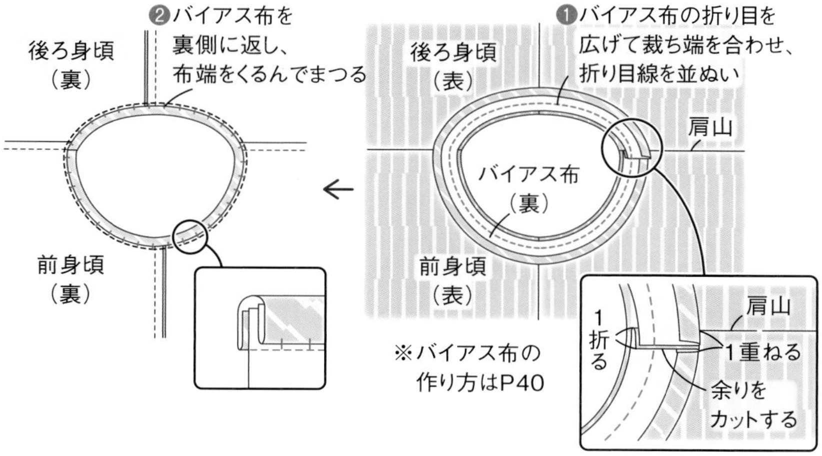
❷バイアス布を
裏側に返し、
布端をくるんでまつる
後ろ身頃
（裏）
前身頃
（裏）
❶バイアス布の折り目を
広げて裁ち端を合わせ、
折り目線を並ぬい
後ろ身頃
（表）
肩山
バイアス布
（裏）
前身頃
（表）
肩山
1
折
る
1重ねる
余りを
カットする

※バイアス布の
作り方はP40

5. 脇の布端をぬう

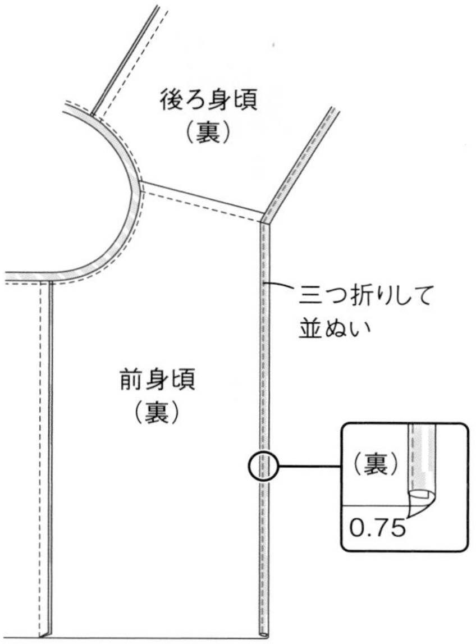
後ろ身頃
（裏）
三つ折りして
並ぬい
前身頃
（裏）
（裏）
0.75

※反対側も同様にぬう

6. 裾をぬう

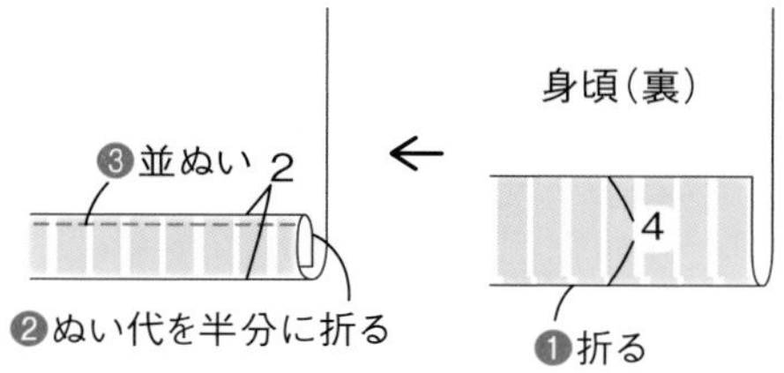
身頃（裏）
❸並ぬい
2
4
❷ぬい代を半分に折る
❶折る

7. リボンを作り、付ける

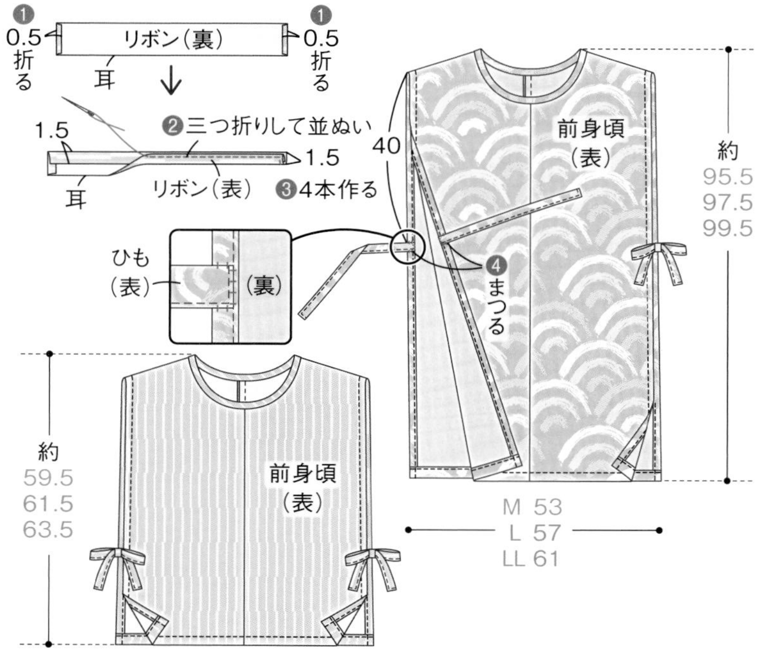
❶
0.5
折
る
リボン（裏）
耳
❶
0.5
折
る
1.5
❷三つ折りして並ぬい
1.5
リボン（表）
❸4本作る
耳
ひも
（表）
（裏）
40
❹まつる
前身頃
（表）
約
95.5
97.5
99.5
M 53
L 57
LL 61
約
59.5
61.5
63.5
前身頃
（表）

きもの Remake

6 エプロンドレスとターバン

いま風のおしゃれな割烹着

ルームウエアにも。
普段の日が楽しくなります

前から袖を通して着る、割烹着スタイルのエプロンドレスです。前身頃は、きものの後ろ身頃をそのまま利用したもの。袖もほどかずに生かすので、袖付けの必要もありません。スマートフォンやお財布がすっぽり収まる、大きなポケット付き。部屋でくつろぎたい日や近所の買い物時にぴったりです。

余ったきもの地でターバンを

ターバンは細長い2枚のきもの地を交差させたおしゃれなデザイン。ゴム入りなのでサイズを気にせず着けられます。

背中のリボンもアクセント

着るときは背中のリボンを結びます。きもの地の幅を生かしているので身幅はたっぷり。ゆとりある着心地です。

きものを前後逆に使います

きものの前身頃がエプロンドレスの後ろ身頃に、後ろ身頃がエプロンドレスの前身頃になります。

きものの形を生かして〃ほどかずに〃裁ちましょう

リメイク前

きものの素材
単衣の紬

軽やかな手触りの紬を使いました。気軽に洗濯ができる木綿や麻素材も向いています。

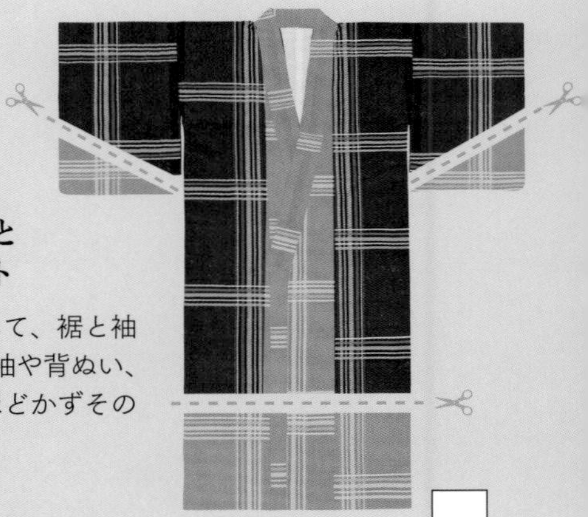

きものの裾と袖下をカット

左の図を参照して、裾と袖下を裁ちます。袖や背ぬい、脇のぬい目はほどかずそのまま使います。

完成

ターバンは、エプロンドレスを作る際に外したおくみやえりで作ります。作り方はP47を参照してください。

裁ち方

材料
単衣のきもの…1枚
ゴムテープ…0.5cm幅25cm2本
手ぬい糸

※バイアス布は
　ぬい合わせて
　約70cm1本にする

※単位はcm
※□の数字のぬい代を含む

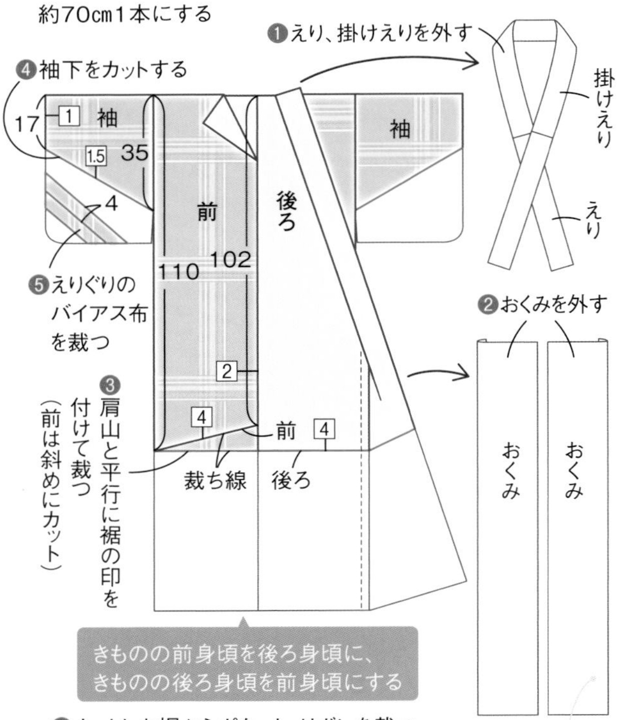

❶えり、掛けえりを外す
掛けえり
えり
❹袖下をカットする
17
1
袖
1.5
35
4
前
後ろ
袖
110
102
❺えりぐりのバイアス布を裁つ
2
4
前
4
後ろ
裁ち線
❸肩山と平行に裾の印を付けて裁つ
（前は斜めにカット）
❷おくみを外す
おくみ
おくみ
きものの前身頃を後ろ身頃に、
きものの後ろ身頃を前身頃にする

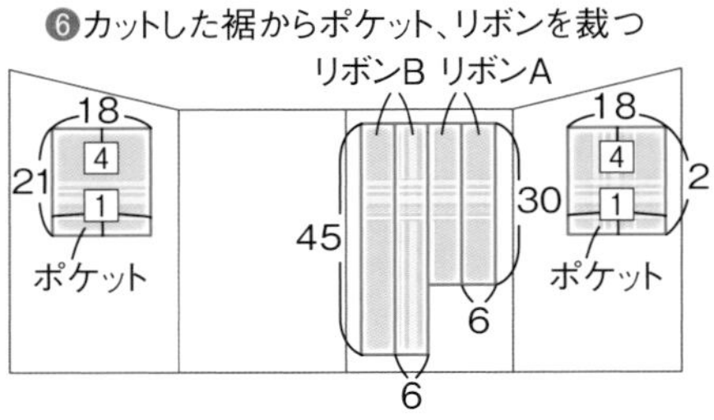

❻カットした裾からポケット、リボンを裁つ
リボンB リボンA
18
4
21
1
ポケット
45
30
6
6
18
4
21
1
ポケット

外したおくみやえりでターバンを作る

えりぐりの裁ち方

えりぐりの実物大型紙 P46

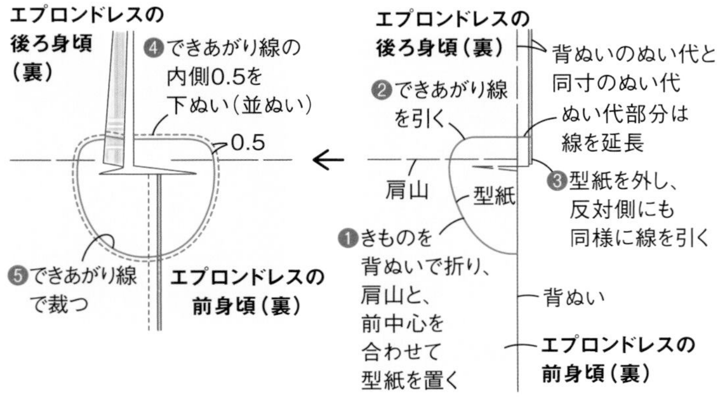

エプロンドレスの後ろ身頃（裏）
❹できあがり線の内側0.5を下ぬい（並ぬい）
0.5
❺できあがり線で裁つ
エプロンドレスの前身頃（裏）
エプロンドレスの後ろ身頃（裏）
❷できあがり線を引く
背ぬいのぬい代と同寸のぬい代
ぬい代部分は線を延長
肩山
型紙
❸型紙を外し、反対側にも同様に線を引く
❶きものを背ぬいで折り、肩山と、前中心を合わせて型紙を置く
背ぬい
エプロンドレスの前身頃（裏）

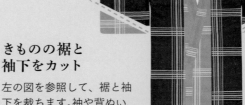

エプロンドレス

1.　補強ぬいをする

きものの元のぬい目がほつれないよう、ぬい目の際を表側から5cm並ぬいして補強する。ぬい始めとぬい終わりは2〜3回返しぬいをする。ここでは前中心の上下と脇の裾2カ所をぬう。

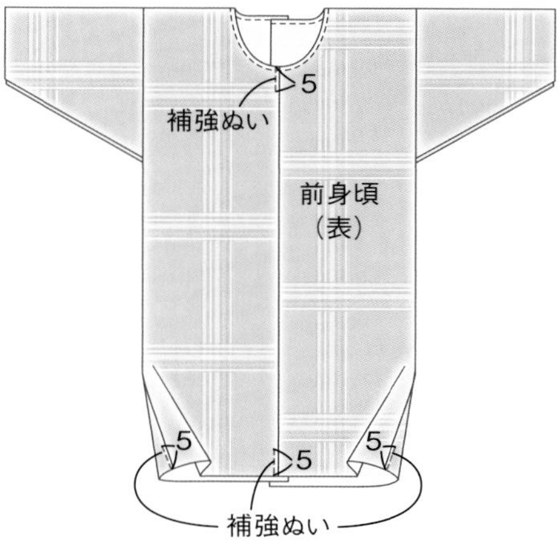
5
補強ぬい
前身頃
（表）
5
5
5
補強ぬい

2.　ポケットを作って付ける

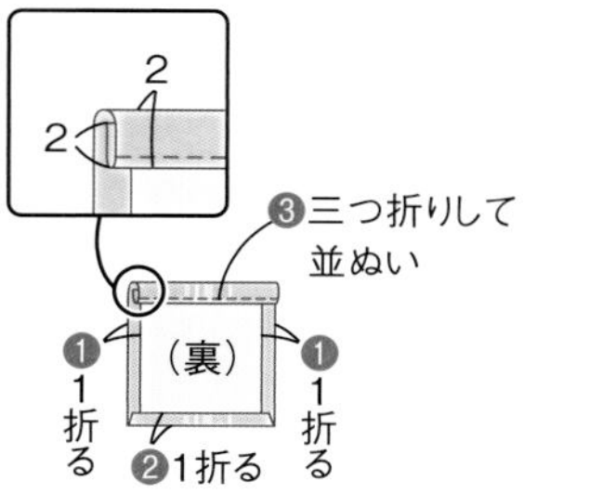
2
2
❸三つ折りして
並ぬい
（裏）
❶
1
折る
❶
1
折る
❷1折る

※同じものを2枚作る

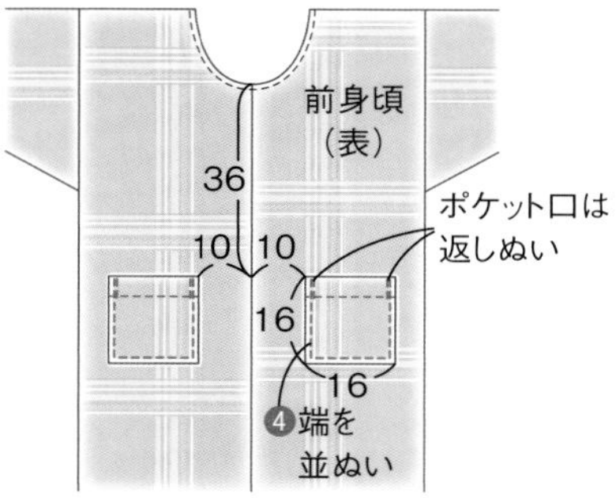
前身頃
（表）
36
ポケット口は
返しぬい
10
10
16
16
❹端を
並ぬい

3.　袖下、袖付け、脇をぬう

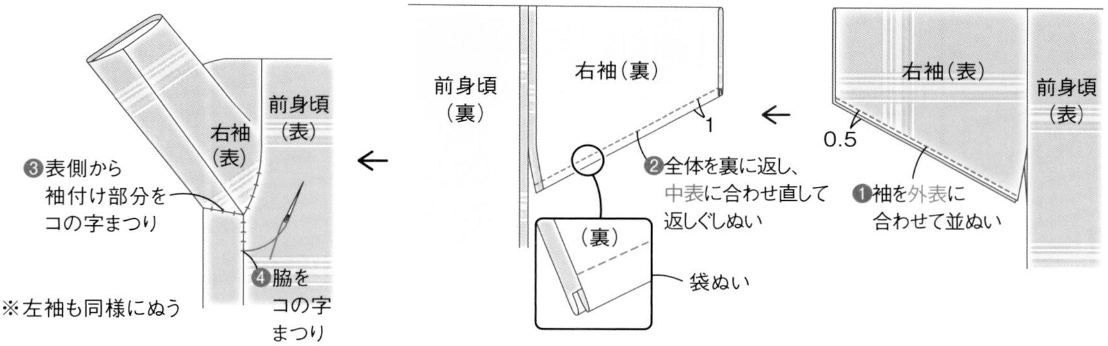
右袖（表）
前身頃
（表）
0.5
❶袖を外表に
合わせて並ぬい
前身頃
（裏）
右袖（裏）
1
❷全体を裏に返し、
中表に合わせ直して
返しぐしぬい
（裏）
袋ぬい
右袖
（表）
前身頃
（表）
❸表側から
袖付け部分を
コの字まつり
❹脇を
コの字
まつり

※左袖も同様にぬう

4.　袖口をぬう

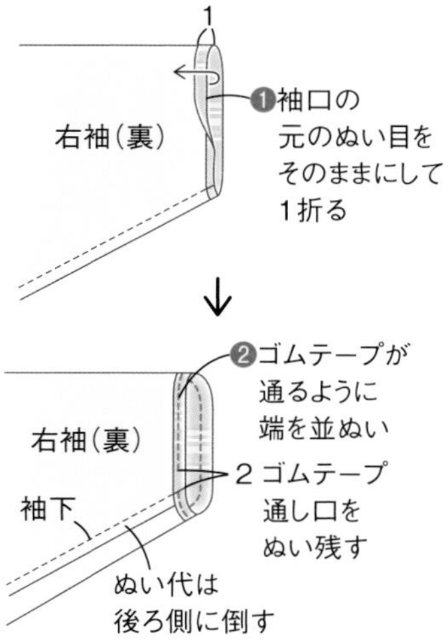
1
右袖（裏）
❶袖口の
元のぬい目を
そのままにして
1折る
❷ゴムテープが
通るように
端を並ぬい
右袖（裏）
2 ゴムテープ
通し口を
ぬい残す
袖下
ぬい代は
後ろ側に倒す

※左袖も同様にぬう

5.　後ろ端と裾をぬう

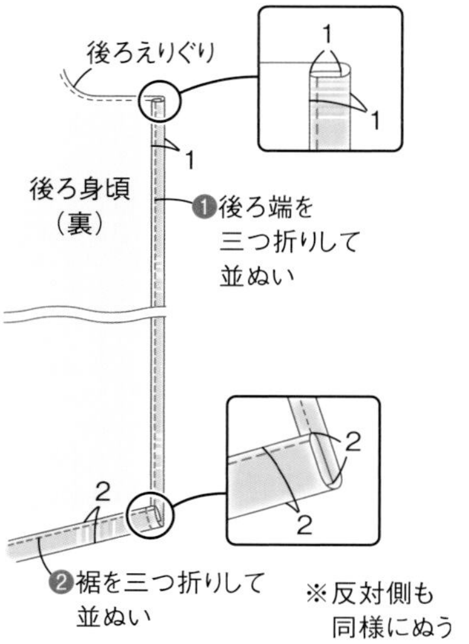
後ろえりぐり
1
1
1
後ろ身頃
（裏）
❶後ろ端を
三つ折りして
並ぬい
2
2
2
❷裾を三つ折りして
並ぬい
※反対側も
同様にぬう

6. えりぐりをバイアス布でくるむ

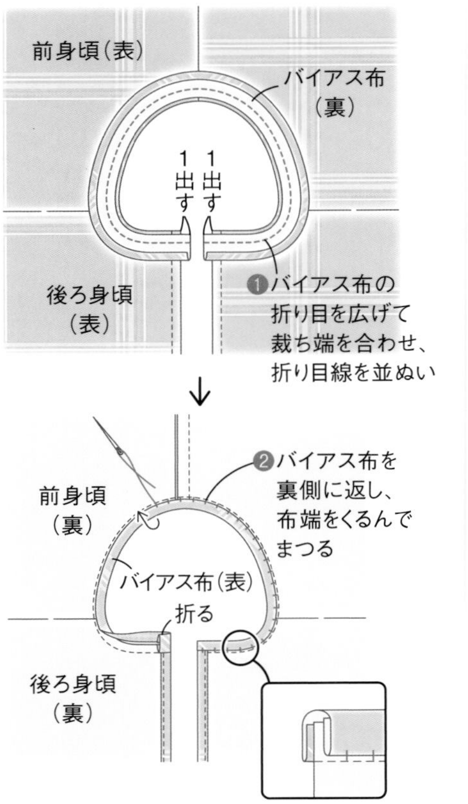

前身頃（表）
バイアス布
（裏）
1
出す
1
出す
後ろ身頃
（表）
❶バイアス布の
折り目を広げて
裁ち端を合わせ、
折り目線を並ぬい
前身頃
（裏）
❷バイアス布を
裏側に返し、
布端をくるんで
まつる
バイアス布（表）
折る
後ろ身頃
（裏）

バイアス布の作り方

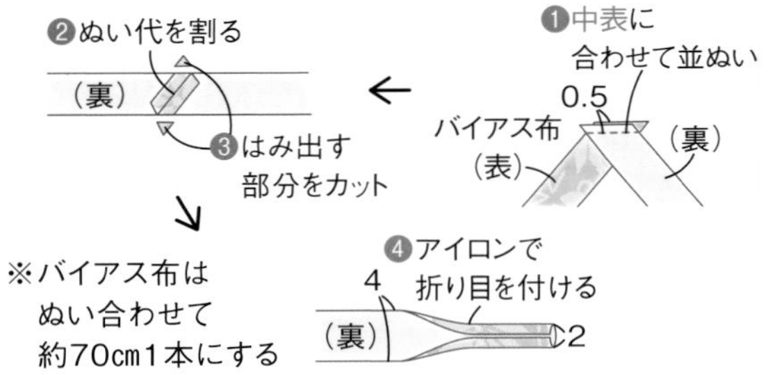

❷ぬい代を割る
（裏）
❸はみ出す
部分をカット
❶中表に
合わせて並ぬい
0.5
バイアス布
（表）
（裏）
※バイアス布は
ぬい合わせて
約70cm1本にする
❹アイロンで
折り目を付ける
4
（裏）
2

7. リボンを作って付ける

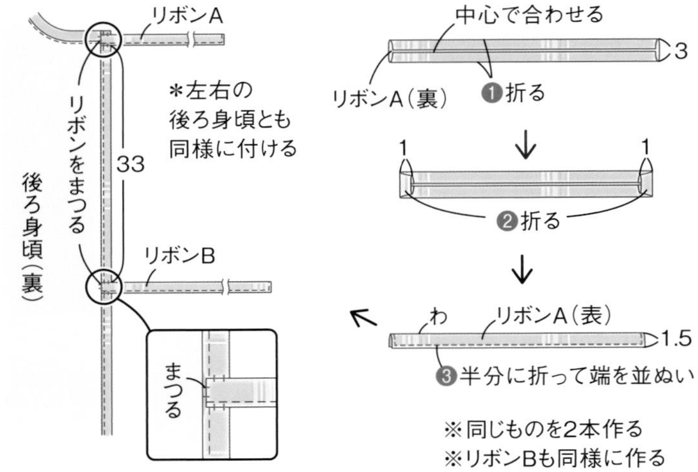

リボンA
＊左右の
後ろ身頃とも
同様に付ける
リボンをまつる
33
後ろ身頃（裏）
リボンB
まつる
中心で合わせる
3
リボンA（裏）
❶折る
1
1
❷折る
わ
リボンA（表）
1.5
❸半分に折って端を並ぬい

※同じものを2本作る
※リボンBも同様に作る

8. 袖口にゴムテープを通す

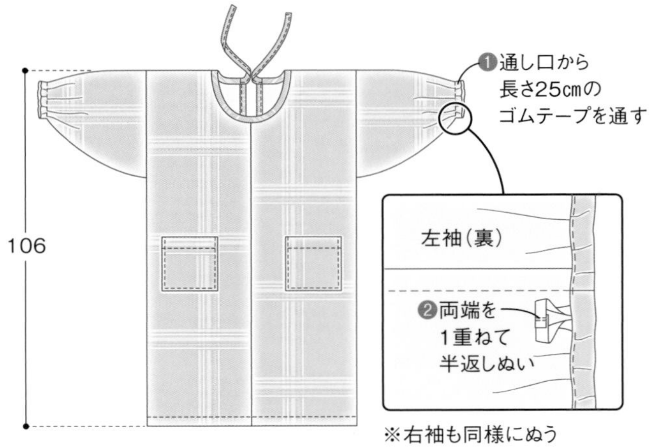

106
❶通し口から
長さ25cmの
ゴムテープを通す
左袖（裏）
❷両端を
1重ねて
半返しぬい

※右袖も同様にぬう

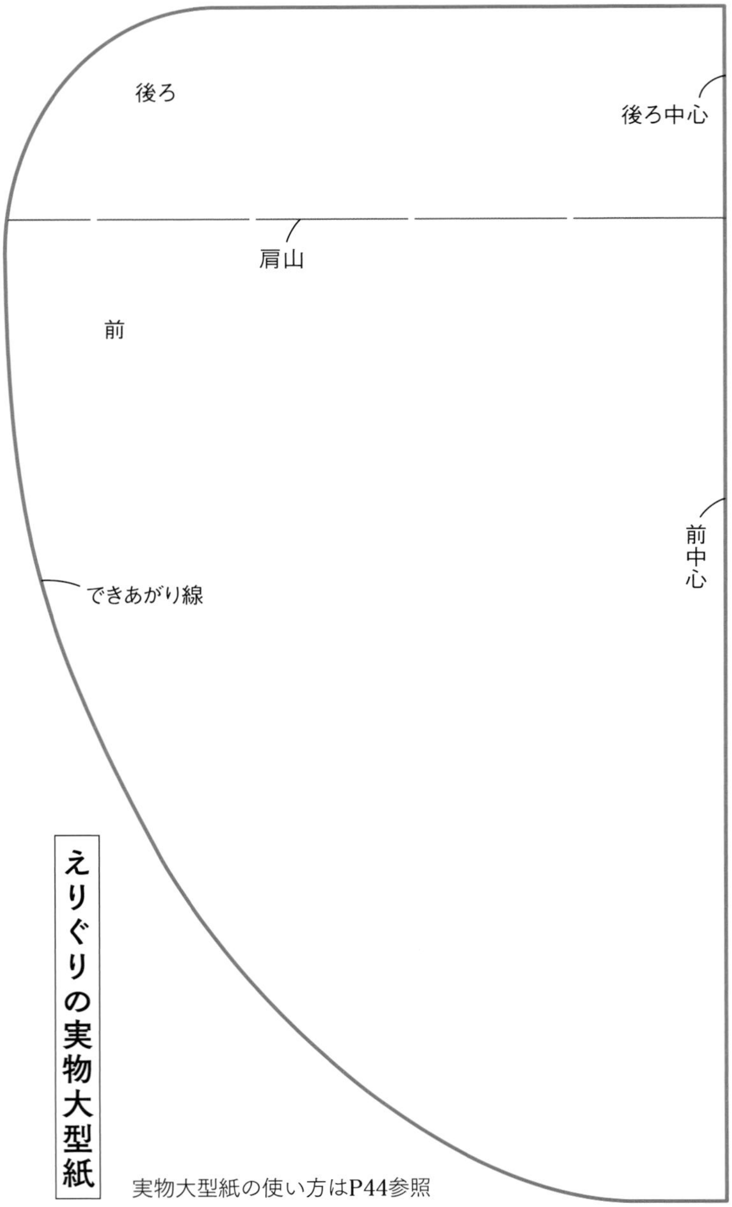

後ろ
後ろ中心
肩山
前
前中心
できあがり線
えりぐりの実物大型紙

実物大型紙の使い方はP44参照

ターバン

裁ち方

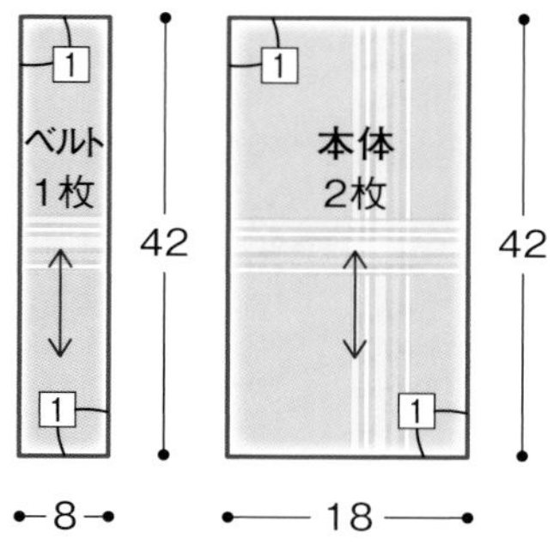
1
ベルト
1枚
42
1
1
本体
2枚
42
1
8
18

材料
きものの端切れ…42×18㎝
2枚（本体用）、
42×8㎝（ベルト用）1枚
ゴムテープ…1.5㎝幅16㎝
手ぬい糸

※単位は㎝
※□の数字の
ぬい代を含む

1. 本体を作る

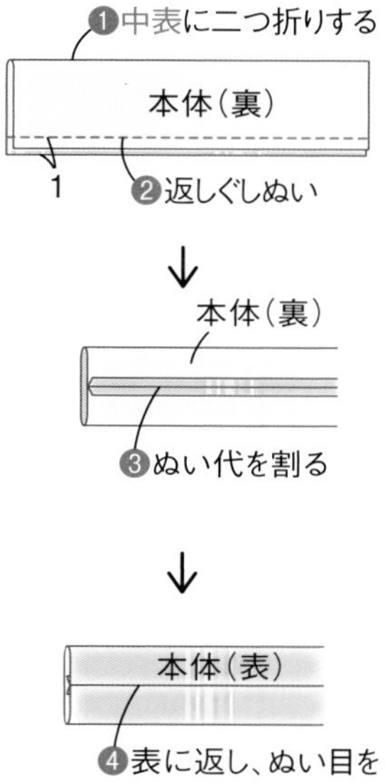
❶中表に二つ折りする
本体（裏）
1
❷返しぐしぬい
本体（裏）
❸ぬい代を割る
本体（表）
❹表に返し、ぬい目を
中央にする

※同じものを2枚作る

2. ベルトを作る

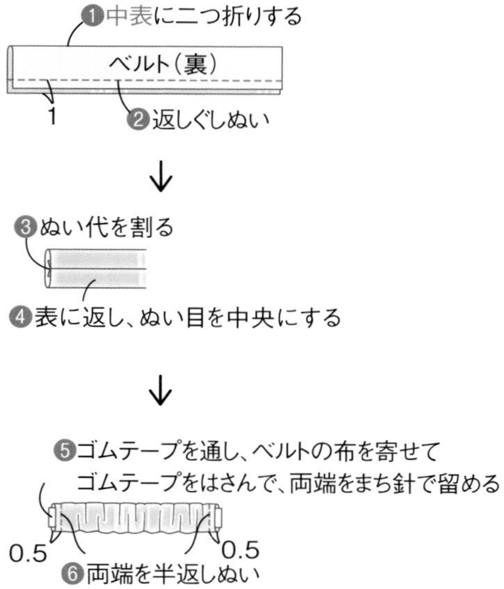
❶中表に二つ折りする
ベルト（裏）
1
❷返しぐしぬい
❸ぬい代を割る
❹表に返し、ぬい目を中央にする
❺ゴムテープを通し、ベルトの布を寄せて
ゴムテープをはさんで、両端をまち針で留める
0.5
0.5
❻両端を半返しぬい

3. 本体を交差させる

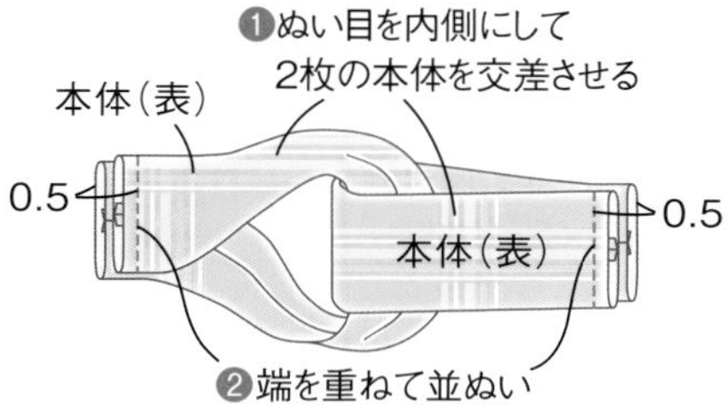
❶ぬい目を内側にして
2枚の本体を交差させる
本体（表）
0.5
本体（表）
0.5
❷端を重ねて並ぬい

4. 本体とベルトをぬい合わせる

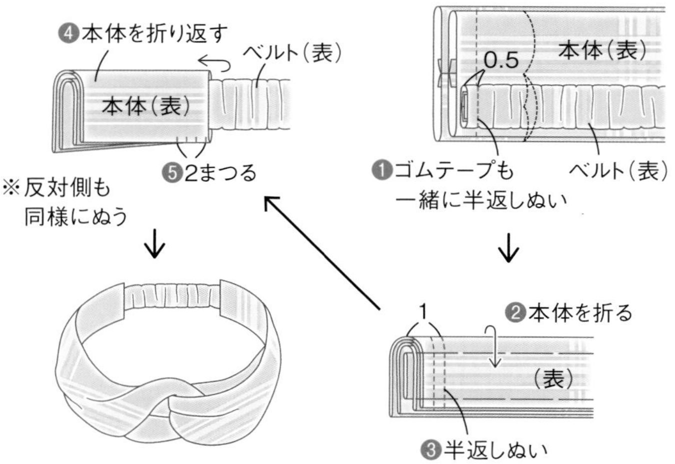
本体（表）
0.5
❶ゴムテープも
一緒に半返しぬい
ベルト（表）
1
❷本体を折る
（表）
❸半返しぬい
❹本体を折り返す
ベルト（表）
本体（表）
❺2まつる
※反対側も
同様にぬう

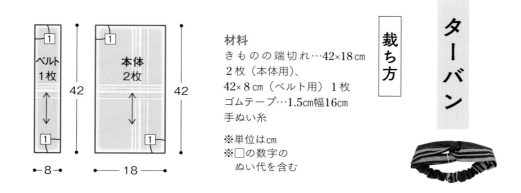

きもの
Remake
7
裏地付きだから、着心地暖か
ストール&スヌード付きロングコート

ストールはわた入り
コートと合わせてより暖かく

ロングコートは胸元がゆったりと開いたシンプルなラウンドネック。きものの背ぬいや脇、袖付けをほどかずに生かしています。一方、合わせたストールはコートを作った後の端切れを利用したもの。コートにプラスすると印象が変わり、ひと味違うおしゃれを楽しめます。中にキルトわたを入れてあるので着け心地も暖かです。

えりのように見える スヌード

布を輪にぬうだけ

スヌードもコートを作った後の端切れで作れます。長方形の布を輪にぬうだけなので簡単。縦に二つ折りにすると自然に立ち上がってきれいです。

きものの裏地を生かします

袷（裏地付き）のきものの表地と裏地を一緒に裁って作ります。絹ならではの軽さがありながら防寒性も。

大きなボタンがアクセント

コートはボタンを留めずに羽織るように着てもすてき。留めるときには、右前身頃の端に付けたループに通します。

きものの形を生かして裁ちましょう

リメイク前

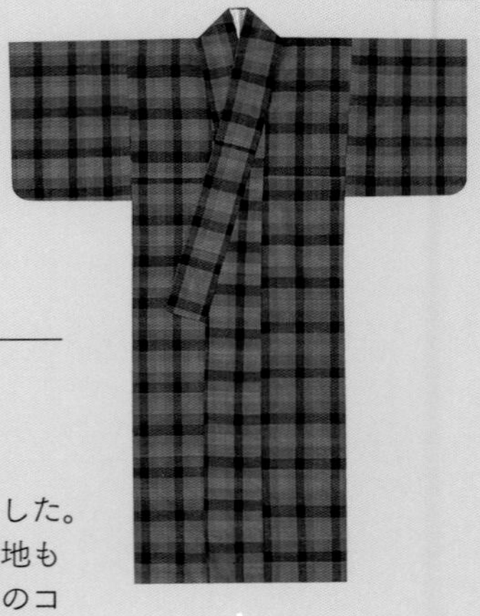

きものの素材
袷の紬

ハリのある紬を使いました。きものに付いている裏地も一緒に裁ち、裏地付きのコートに仕上げます。

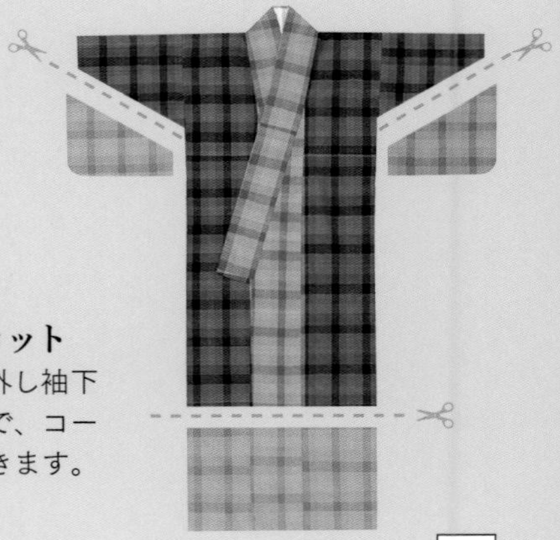

袖下と裾をカット

えりとおくみを外し袖下と裾を裁つだけで、コートの形が見えてきます。

完成

ストールとスヌードは、外したきもののえりやおくみを利用します。

裁ち方

材料
袷のきもの…1枚
ボタン…直径2.5cm×3個
手ぬい糸

※単位はcm
※□の数字のぬい代を含む

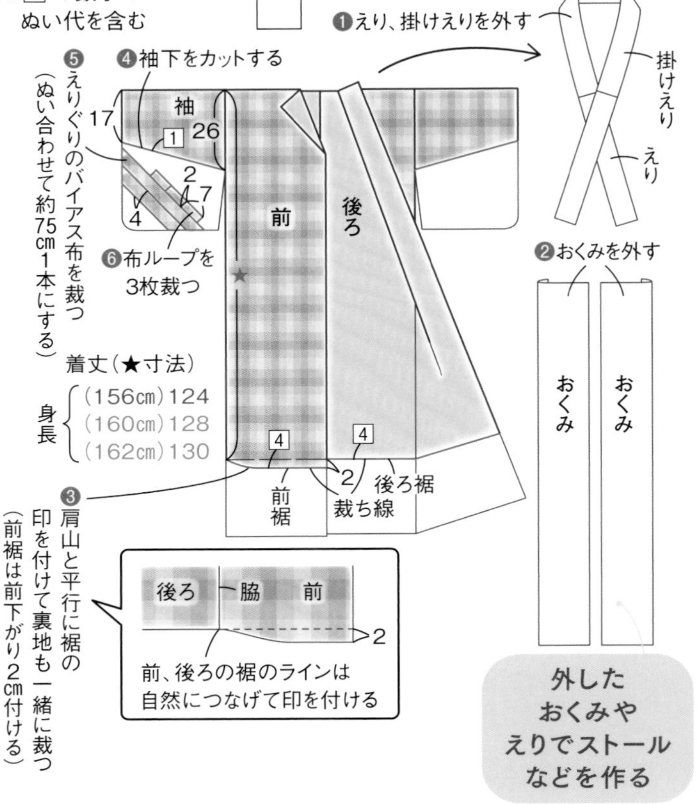
❶えり、掛けえりを外す
掛けえり
えり
❷おくみを外す
おくみ
おくみ
外したおくみやえりでストールなどを作る
❹袖下をカットする
❺えりぐりのバイアス布を裁つ（ぬい合わせて約75cm1本にする）
袖
17
26
1
2
7
4
❻布ループを3枚裁つ
前
後ろ
着丈（★寸法）
身長 （156cm）124 （160cm）128 （162cm）130
4
4
2
後ろ裾
前裾
裁ち線
❸肩山と平行に裾の印を付けて裏地も一緒に裁つ（前裾は前下がり2cm付ける）
後ろ
脇
前
2
前、後ろの裾のラインは自然につなげて印を付ける

えりぐりの裁ち方

えりぐりの実物大型紙 P53

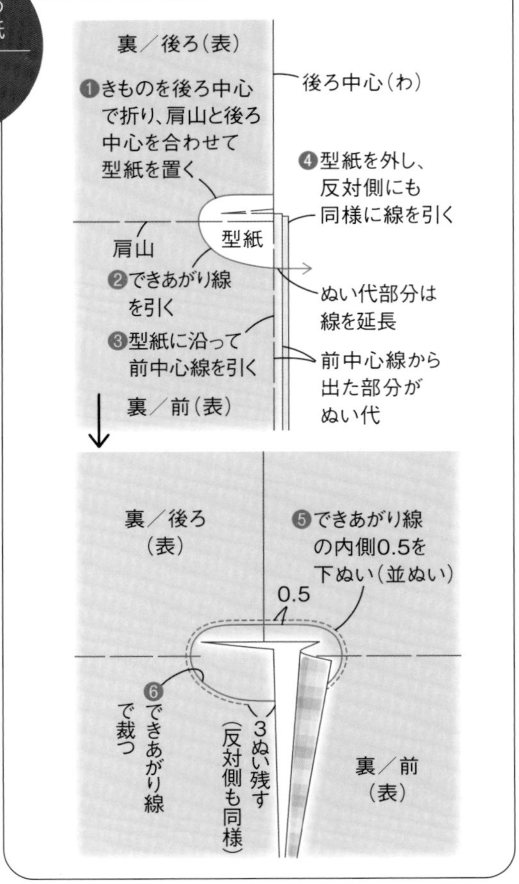
裏／後ろ（表）
後ろ中心（わ）
❶きものを後ろ中心で折り、肩山と後ろ中心を合わせて型紙を置く
❹型紙を外し、反対側にも同様に線を引く
肩山
型紙
❷できあがり線を引く
ぬい代部分は線を延長
❸型紙に沿って前中心線を引く
前中心線から出た部分がぬい代
裏／前（表）
裏／後ろ（表）
❺できあがり線の内側0.5を下ぬい（並ぬい）
0.5
❻できあがり線で裁つ
3ぬい残す（反対側も同様）
裏／前（表）

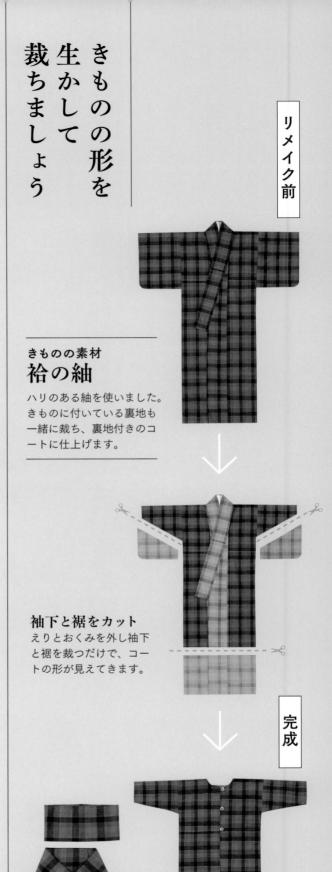

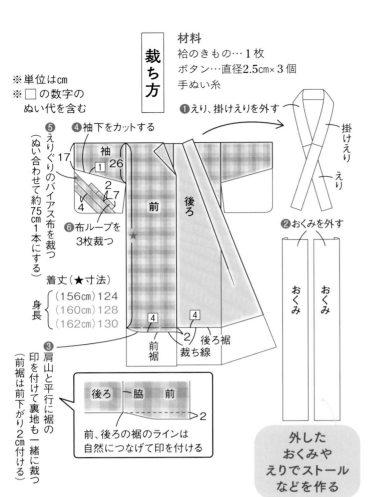

1. 補強ぬいをする

きものの元のぬい目がほつれないよう、ぬい目の際を表側から5㎝並ぬいして補強する。ぬい始めとぬい終わりは2～3回返しぬいをする。

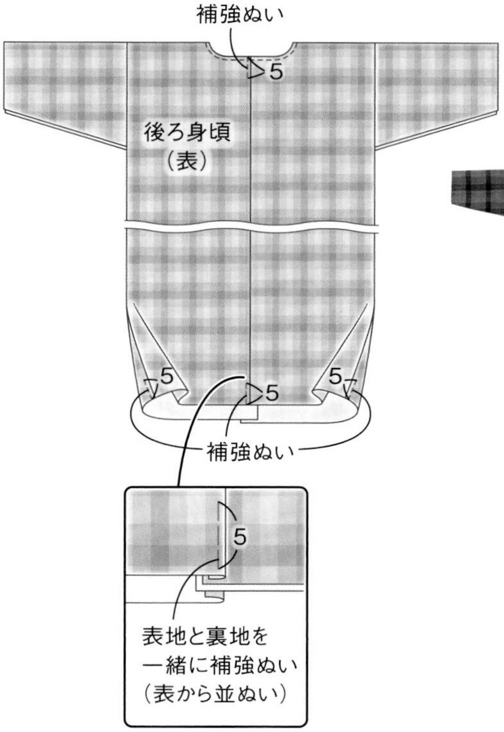
補強ぬい
5
後ろ身頃
(表)
5
5
5
補強ぬい
5
表地と裏地を
一緒に補強ぬい
(表から並ぬい)

2. 前端をぬう

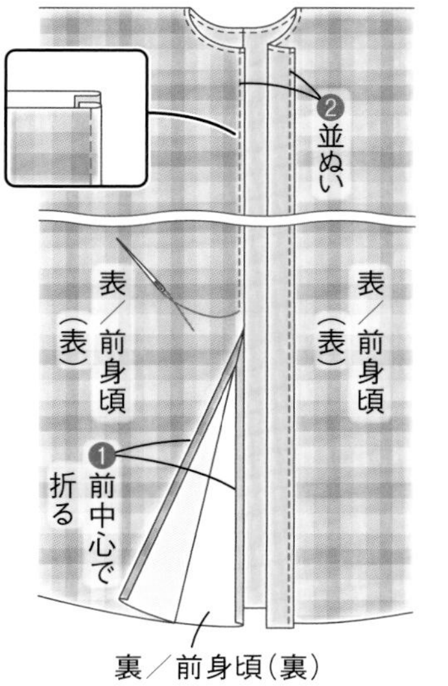
❷並ぬい
表／前身頃
(表)
表／前身頃
(表)
❶前中心で折る
裏／前身頃(裏)

3. えりぐりをバイアス布でくるむ

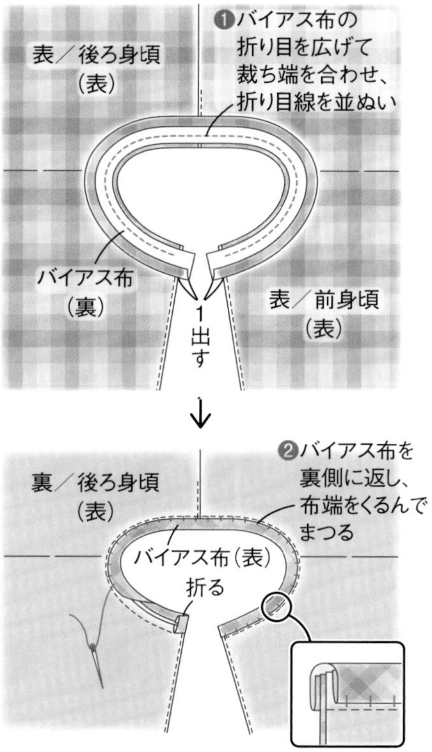
表／後ろ身頃
(表)
❶バイアス布の
折り目を広げて
裁ち端を合わせ、
折り目線を並ぬい
バイアス布
(裏)
1
出す
表／前身頃
(表)
裏／後ろ身頃
(表)
❷バイアス布を
裏側に返し、
布端をくるんで
まつる
バイアス布(表)
折る

バイアス布の作り方

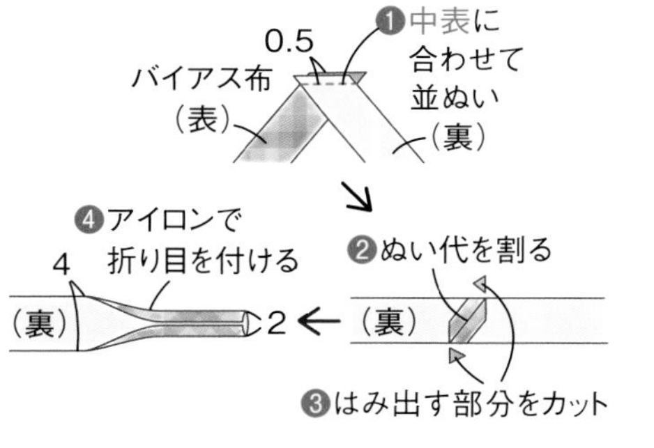
0.5
❶中表に
合わせて
並ぬい
バイアス布
(表)
(裏)
❹アイロンで
折り目を付ける
4
❷ぬい代を割る
(裏)
2
(裏)
❸はみ出す部分をカット

※バイアス布はぬい合わせて約75㎝ 1本にする

4. 袖下、袖付け、脇をぬう

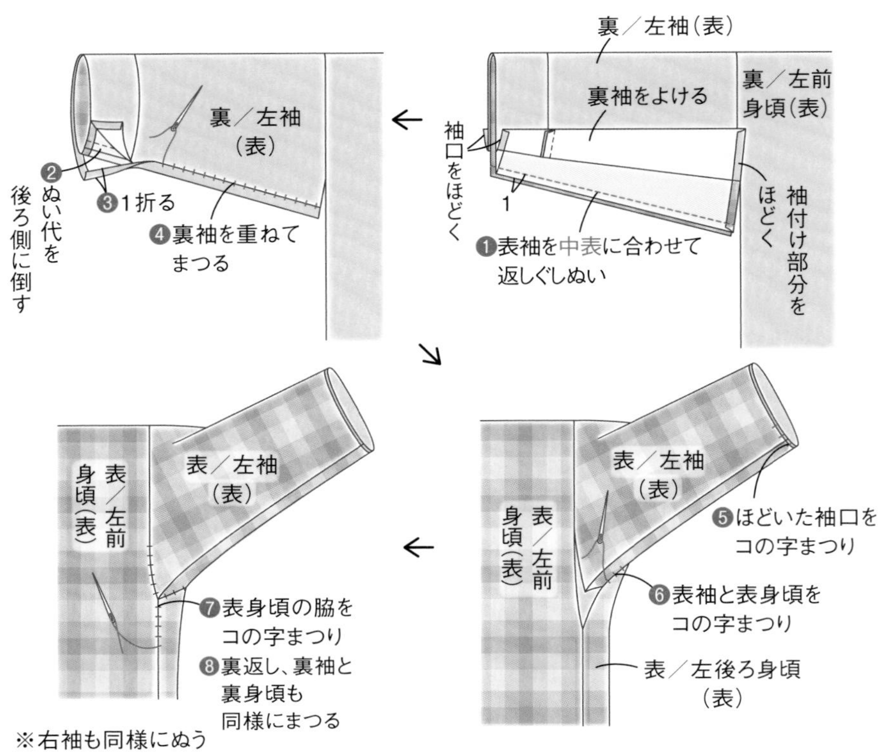
裏／左袖（表）
裏袖をよける
裏／左前身頃（表）
袖口をほどく
1
袖付け部分をほどく
❶表袖を中表に合わせて返しぐしぬい
裏／左袖（表）
❷ぬい代を後ろ側に倒す
❸1折る
❹裏袖を重ねてまつる
表／左袖（表）
表／左前身頃（表）
❺ほどいた袖口をコの字まつり
❻表袖と表身頃をコの字まつり
表／左後ろ身頃（表）
表／左袖（表）
表／左前身頃（表）
❼表身頃の脇をコの字まつり
❽裏返し、裏袖と裏身頃も同様にまつる

※右袖も同様にぬう

5. 裾をぬう

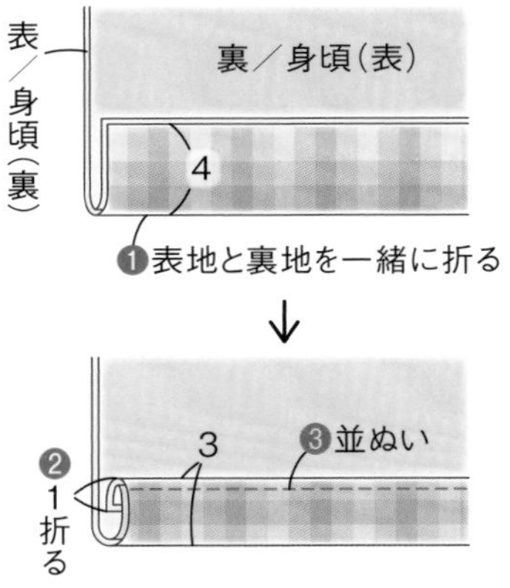
表／身頃（裏）
裏／身頃（表）
4
❶表地と裏地を一緒に折る
❷1折る
3
❸並ぬい

※並ぬいしづらい場合は、まつりぬいでもよい

6. 布ループとボタンを付ける

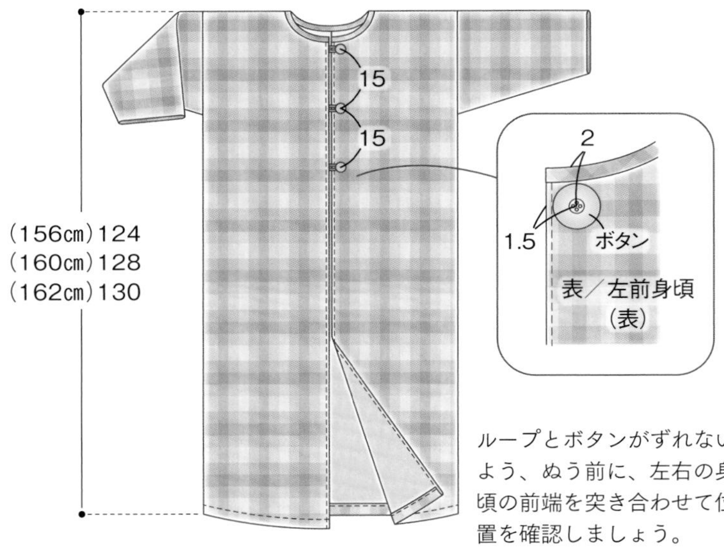
15
15
（156㎝）124
（160㎝）128
（162㎝）130
2
1.5
ボタン
表／左前身頃（表）

ループとボタンがずれないよう、ぬう前に、左右の身頃の前端を突き合わせて位置を確認しましょう。

ループの作り方

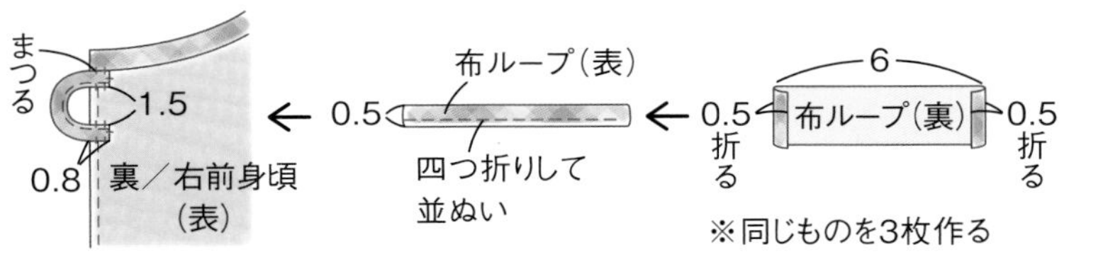
まつる
1.5
0.8
裏／右前身頃（表）
0.5
布ループ（表）
四つ折りして並ぬい
6
0.5折る
布ループ（裏）
0.5折る

※同じものを3枚作る

スヌード

裁ち方

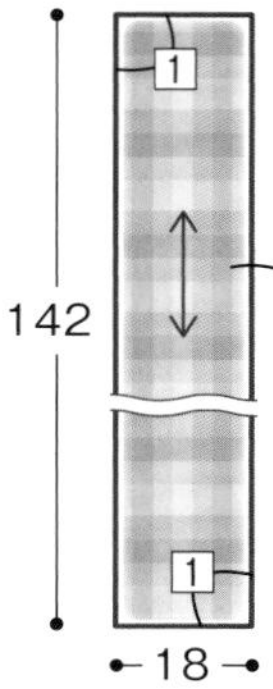
142
1
1
18
きもの地
1枚
※単位はcm
※□の数字の
ぬい代を含む

材料
外したえりやおくみ…142×18cm 1枚
手ぬい糸

ストール

裁ち方

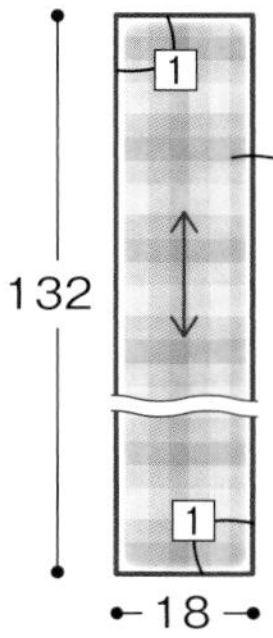
132
1
1
18
きもの地
2枚
キルトわた
1枚
※単位はcm
※□の数字の
ぬい代を含む

材料
外したえりやおくみ…132×18cm 2枚
キルトわた…18cm幅×132cm
手ぬい糸

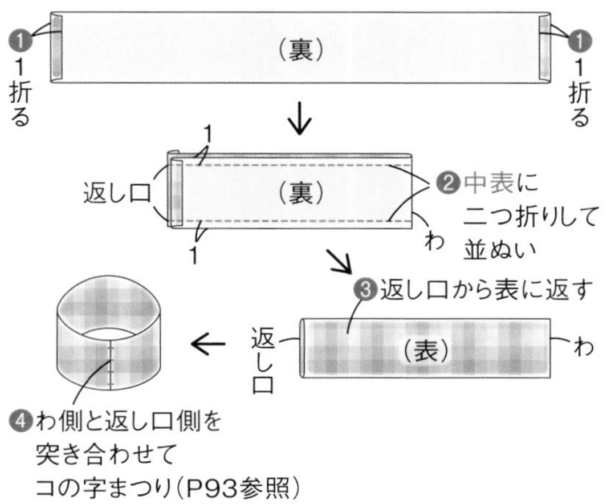
❶
1
折る
（裏）
❶
1
折る
1
返し口
（裏）
❷中表に
二つ折りして
並ぬい
わ
1
❸返し口から表に返す
返
し
口
（表）
わ
❹わ側と返し口側を
突き合わせて
コの字まつり（P93参照）

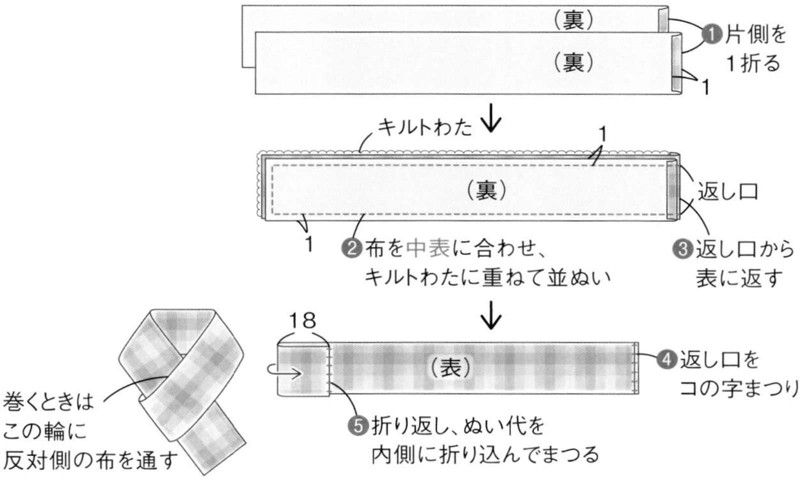
（裏）
（裏）
❶片側を
1折る
1
キルトわた
1
（裏）
返し口
1
❷布を中表に合わせ、
キルトわたに重ねて並ぬい
❸返し口から
表に返す
18
（表）
❹返し口を
コの字まつり
❺折り返し、ぬい代を
内側に折り込んでまつる
巻くときは
この輪に
反対側の布を通す

えりぐりの実物大型紙

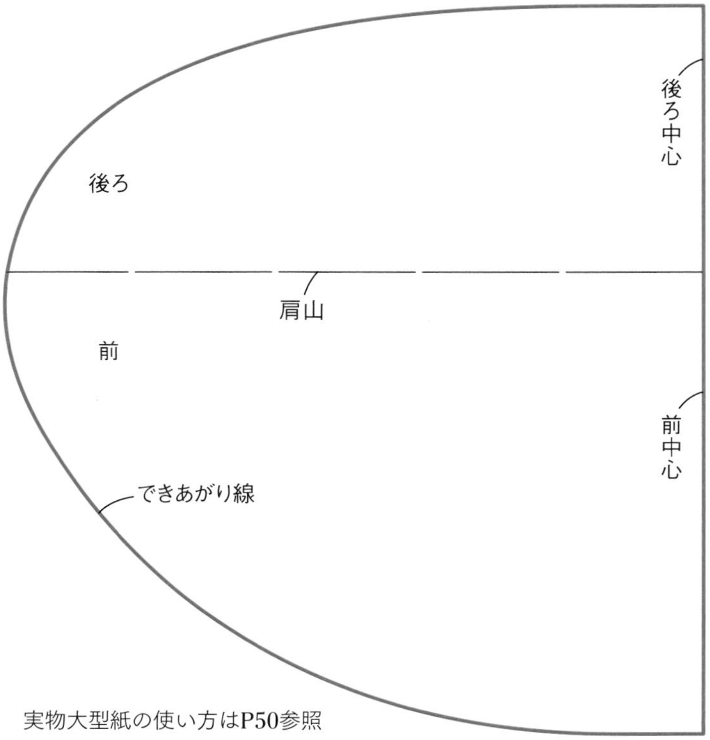
後ろ中心
後ろ
肩山
前
前中心
できあがり線

実物大型紙の使い方はP50参照

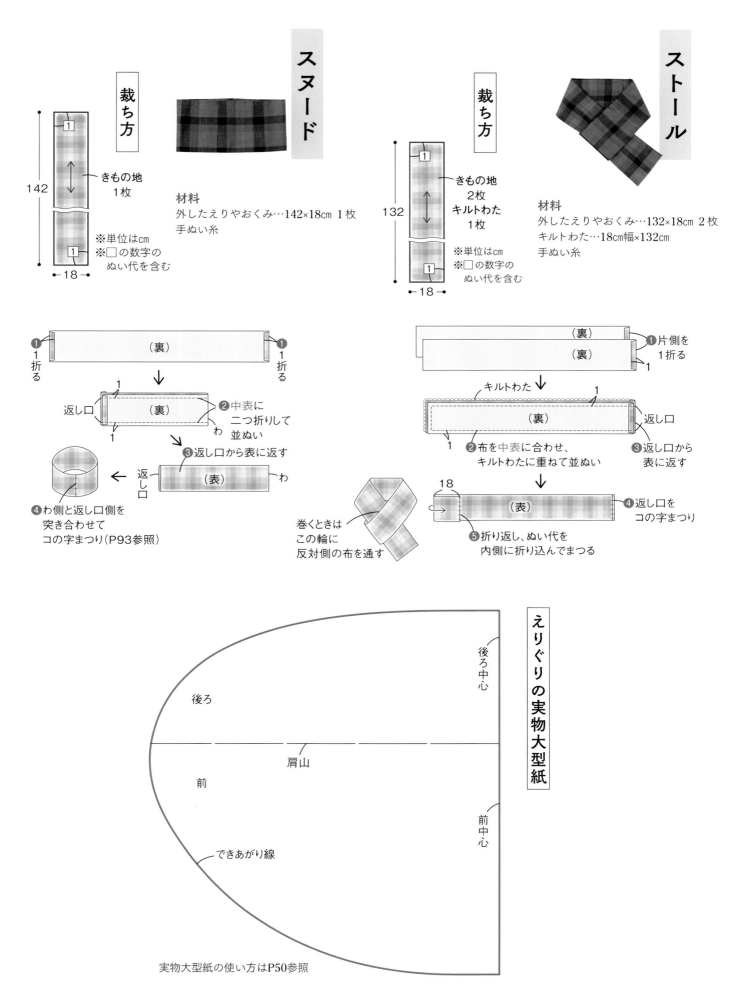

きもの
Remake

8

羽織の形を生かして…
ハーフ丈のコート

素材の羽織はもともと和装の上着。ハーフ丈のコートは、ゆったりとしたその身幅や丈をそのまま生かして作ります。デザインのポイントはたっぷりとしたえり。羽織のえりを広げて付け直し、優雅なドレープを寄せました。左ページの作品も作り方は同じ。選ぶ素材によって雰囲気が変わるのもきものリメイクの楽しさです。

胸元がたっぷり。
ゆったり着られます

袷（裏地付き）の羽織を使っているので、着心地は暖か。

羽織の色柄で雰囲気が変わります

さらりと羽織ってもすてき

ボタンを留めずにラフに羽織ると違う表情に。裾が揺れて、滑らかな絹の光沢が映えます。

ボタンを留めるとえりがふわりと立ち上がります。

羽織のまちを生かします

脇に付いているまちをほどかず利用しているので、インナーの上にゆったり羽織れます。

羽織の形を生かして裁ちましょう

リメイク前

きものの素材
袷の錦紗《きんしゃ》
滑らかな手触りと光沢が魅力。脇に付いているまちをそのまま利用して、身幅たっぷりのコートに仕上げます。

羽織の袖下をカット
袖下を写真のように裁てばコートの原形になります。

完成

袖下をぬい、えりとボタン、ボタン用のループを付ければできあがり。羽織の丈がそのままコートの着丈になります。

裁ち方

材料
袷の羽織…１枚
ボタン…直径2.6cm×2個
手ぬい糸

※単位はcm
※□の数字のぬい代を含む

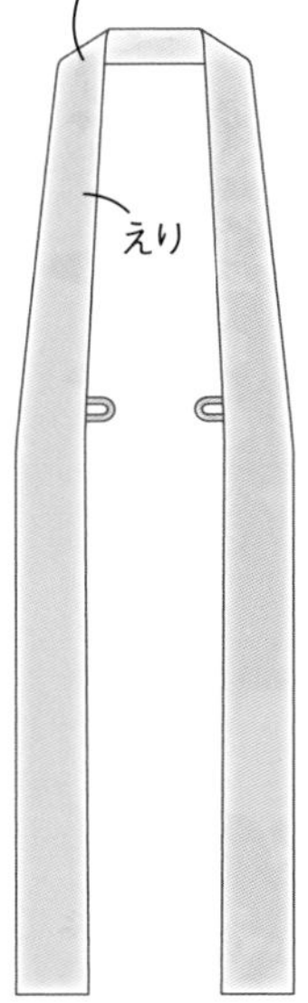

❶えりを外す
（後から付け直す）
えり

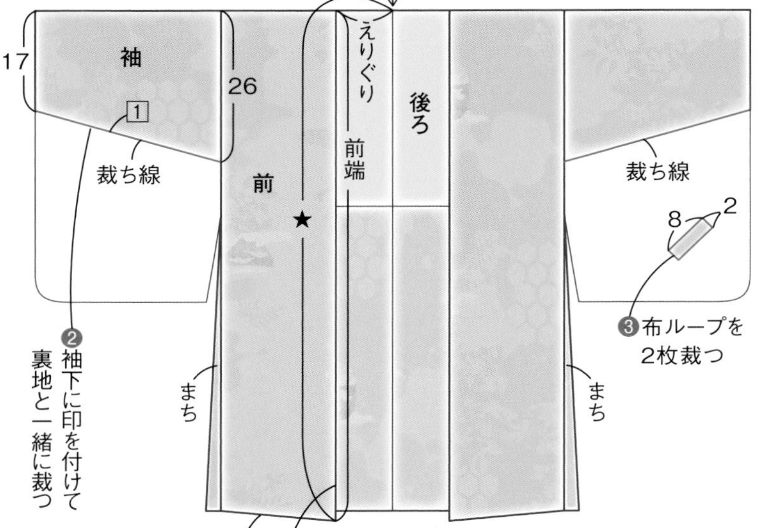

（背ぬい）
袖
17
26
1
裁ち線
前
えりぐり
後ろ
前端
★
裁ち線
8
2
❸布ループを2枚裁つ
❷袖下に印を付けて裏地と一緒に裁つ
まち
まち
裾
❹背ぬいから裾までのえりぐりと前端の長さ（★部分）を測る

ハーフ丈のコート

1.　羽織のえりを広げる

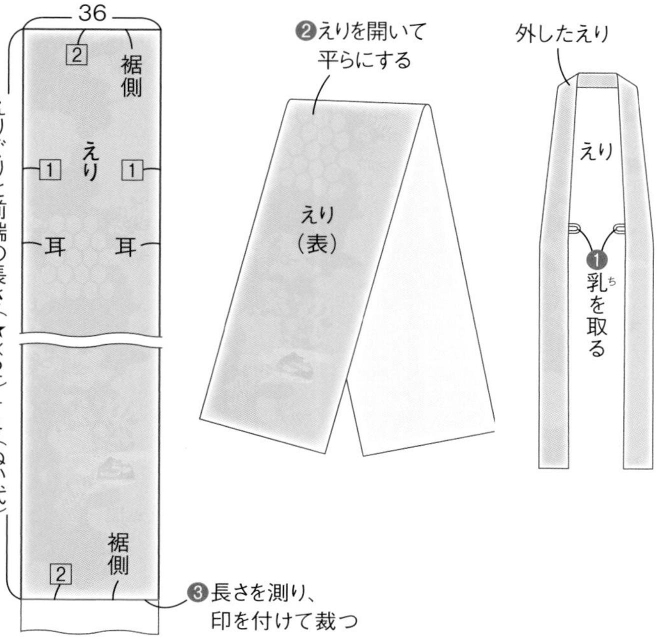

36
2
裾側
えりぐりと前端の長さ（★×2）＋4（ぬい代）
1
えり
1
耳
耳
裾側
2
❸長さを測り、
印を付けて裁つ
❷えりを開いて
平らにする
えり
（表）
外したえり
えり
❶
乳《ち》を取る

2.　補強ぬいをする

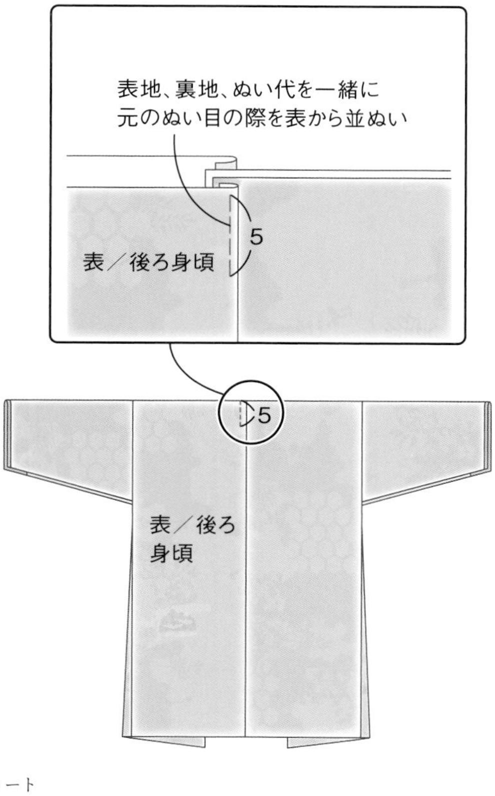

表地、裏地、ぬい代を一緒に
元のぬい目の際を表から並ぬい
5
表／後ろ身頃
5
表／後ろ
身頃

補強ぬいをしたところ

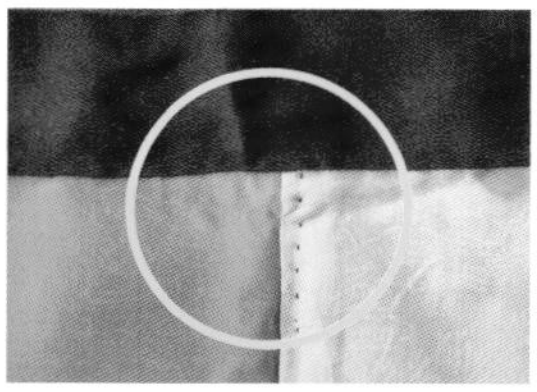

元のぬい目がほつれないよう、ぬい目の際を表側から5㎝並ぬいして補強する。ぬい始めとぬい終わりは2～3回返しぬいをする。

モノトーンのコートも、ほどかずに同じ手順で作れます

裁ち方は袖下を裁ち、えりを外すだけ。作り方も赤いコートと同じです。

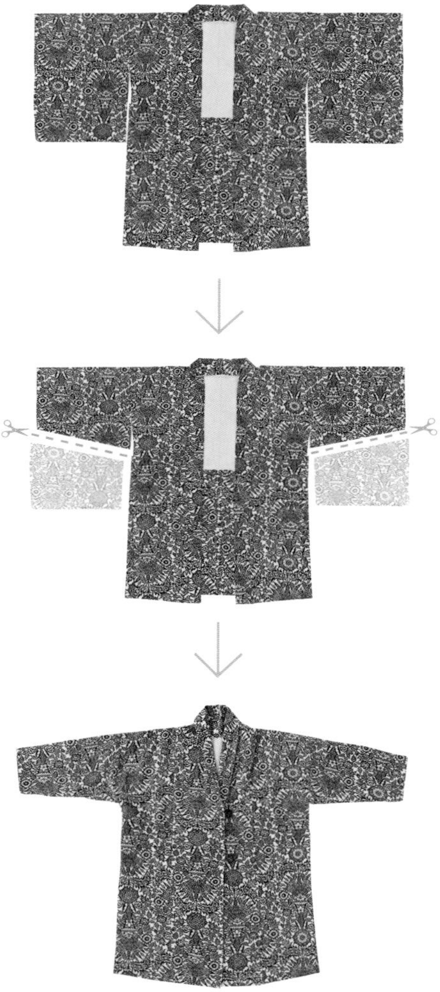

袷の縮緬

手触りが柔らかくしなやかな縮緬。できあがるコートもまた体になじみ、着ると優しいラインが出ます。

3. 袖下をぬう

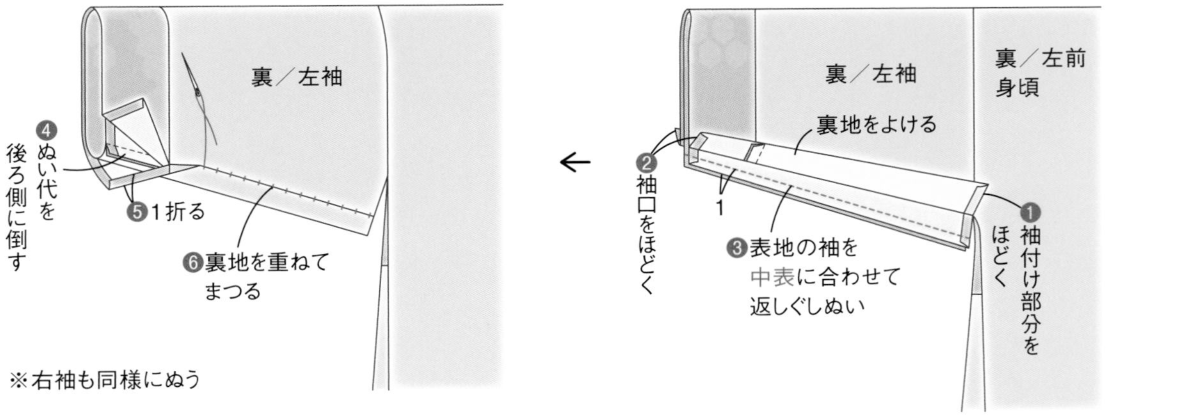

裏／左袖
裏／左前身頃
裏地をよける
❶袖付け部分をほどく
❷袖口をほどく
1
❸表地の袖を中表に合わせて返しぐしぬい
裏／左袖
❹ぬい代を後ろ側に倒す
❺1折る
❻裏地を重ねてまつる
※右袖も同様にぬう

4. 袖付け、脇をぬう

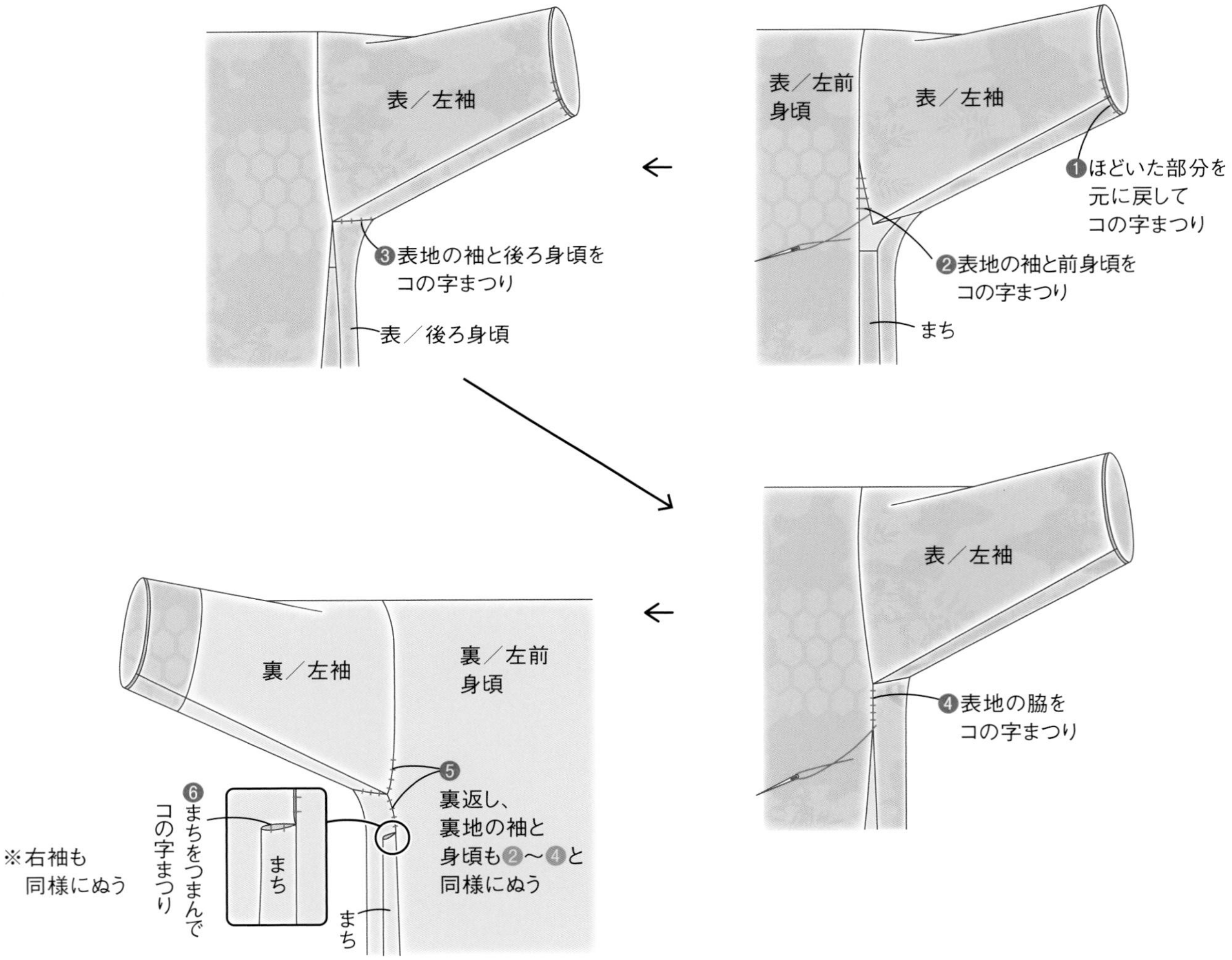

表／左前身頃
表／左袖
❶ほどいた部分を元に戻してコの字まつり
❷表地の袖と前身頃をコの字まつり
まち
表／左袖
❸表地の袖と後ろ身頃をコの字まつり
表／後ろ身頃
表／左袖
❹表地の脇をコの字まつり
裏／左袖
裏／左前身頃
❺裏返し、裏地の袖と身頃も❷～❹と同様にぬう
❻まちをつまんでコの字まつり
まち
まち
※右袖も同様にぬう

5. えりを付ける

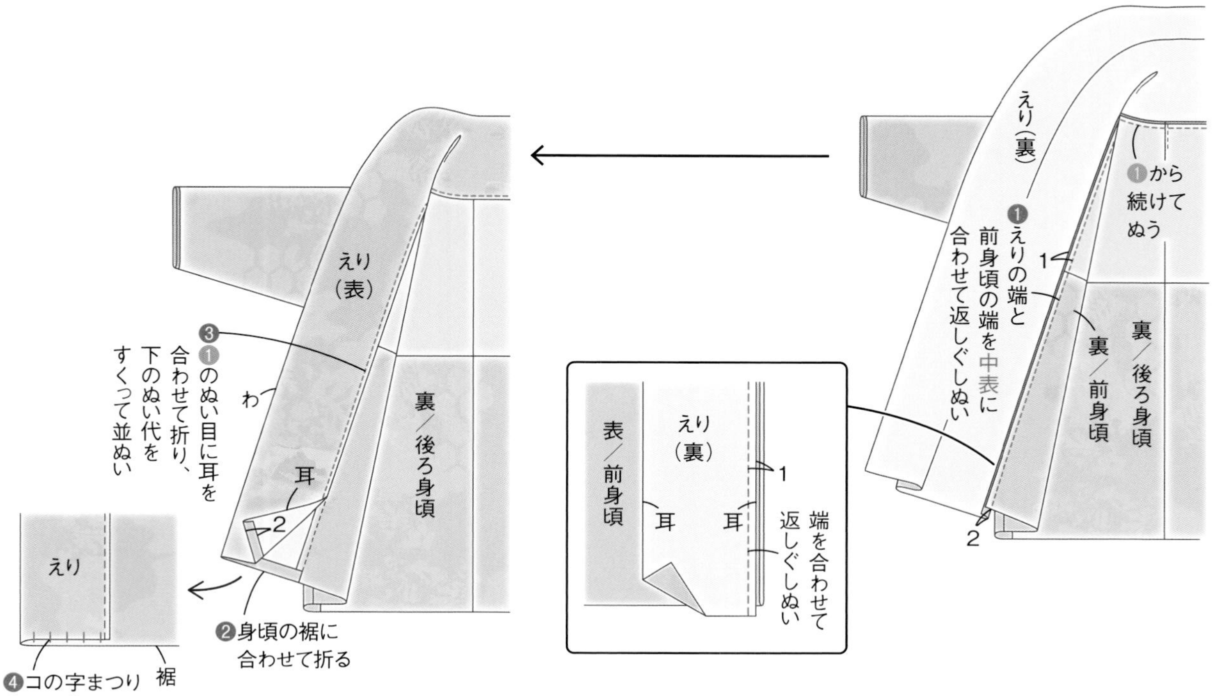

えり（裏）
❶から続けてぬう
❶えりの端と前身頃の端を中表に合わせて返しぐしぬい
1
裏／前身頃
裏／後ろ身頃
2
表／前身頃
えり（裏）
1
耳
耳
端を合わせて返しぐしぬい
えり（表）
❸❶のぬい目に耳を合わせて折り、下のぬい代をすくって並ぬい
わ
耳
2
裏／後ろ身頃
えり
❷身頃の裾に合わせて折る
❹コの字まつり
裾

6. ボタンと布ループを付ける

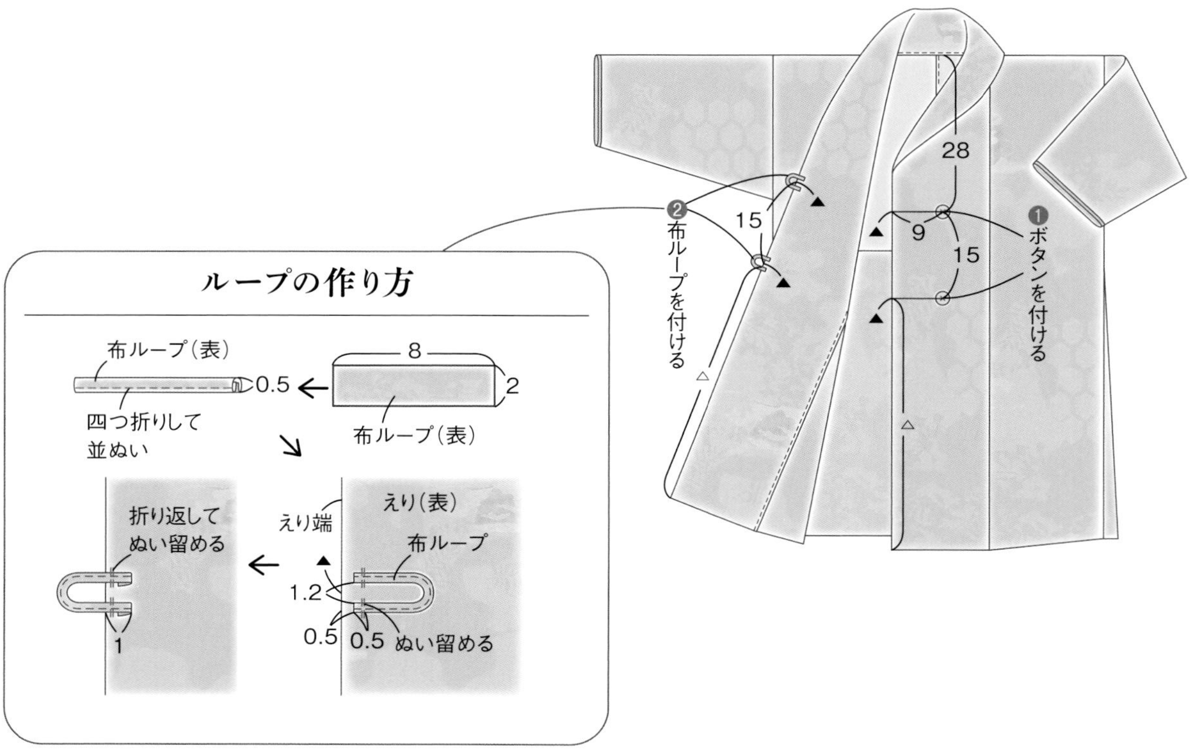

❷布ループを付ける
15
28
9
15
❶ボタンを付ける
ループの作り方
布ループ（表）
0.5
8
2
四つ折りして並ぬい
布ループ（表）
えり端
えり（表）
布ループ
1.2
0.5
0.5 ぬい留める
折り返してぬい留める
1

きもの選びのヒント

素材の個性を知る

きものは日本の伝統衣装。
その素材にはたくさんの種類があります。
糸の太さや風合いもさまざまで、
経《たて》糸と緯《よこ》糸が織りなす模様は
例えば、四季折々の花や動物、
縞《しま》、幾何学模様、
また、美しい染め模様も…。
織りや染めの技法は
各地で受け継がれてきた
貴重なものばかりです。
きものを選ぶとき、
色柄や質感、厚み、手触りとともに
その布がどんな風に生まれたのかを知ると
リメイクがもっと楽しくなります。

絽・ろ

経糸と緯糸を絡ませ、布目に等間隔の透かし目（すき間）を作った絹織物。夏きものの代表的な素材で薄く、見た目にも透け感があり軽やか。

大島紬・おおしまつむぎ

奄美大島（鹿児島県）で生まれた1300年もの歴史をもつ平織りの絹織物。着心地は軽く暖かい。亀の甲羅やソテツのほか奄美の自然を写した伝統紋様は時代を超えて人気。

銘仙・めいせん

大正から昭和初期に流行した平織りの絹織物。当時は若い女性のおしゃれな普段着として人気を呼んだ。艶やかな光沢があり、鮮やかな色使いと大胆な柄行が多い。

木綿・もめん

綿の種子から採れる綿で紡いだ糸で作られた、おなじみの平織り地。ぬいやすく手になじみ、通気性もあるので、リメイク素材としても最適。夏服には浴衣地を使うのもおすすめ。

紬・つむぎ

撚《よ》りをかけて紡いだ紬糸を使った、上質な絹織物。模様は糸を染めてから織る〝先染め〟の技法で作られる。糸の節目が表面に現れたざっくりとした風合いも魅力。

絣・かすり

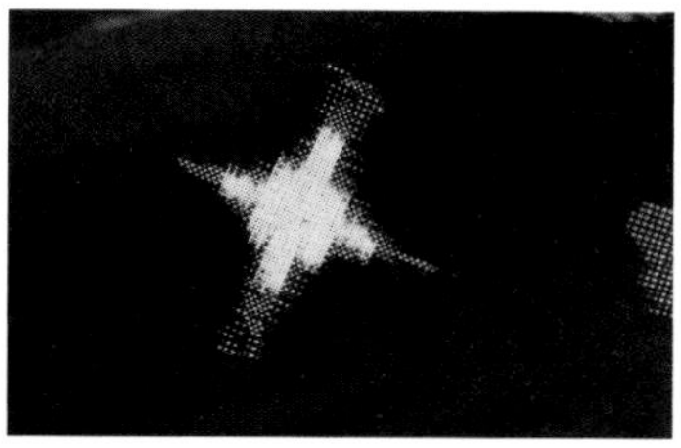

前もって染められた絣糸を使った絹や木綿の織物。経糸か緯糸、またはその両方に絣糸を用いて柄を浮かび上がらせている。柄の輪郭がかすれて見えるのが特徴。

縮緬・ちりめん

表面にしぼと呼ばれる凹凸がある絹織物。凹凸は絹糸に右撚りと左撚りの強撚《きょうねん》糸《し》を用いて織ってから、布地を縮ませることで生まれる。手触りがしっとりしとしていて柔らかい。

麻・あさ

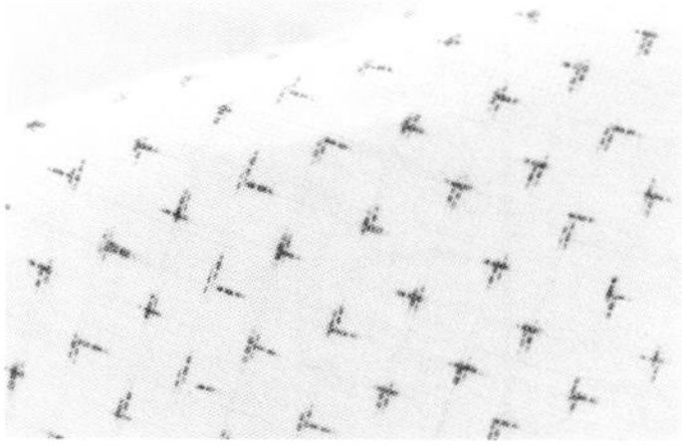

主に亜麻の糸で織られた平織りの布。独特なハリ感とさらっとした質感、軽さが魅力で夏のきもの地として人気が高い。写真は蚊が飛んでいるように見える細かい十字の蚊絣模様。

きもの選びのヒント

季節に合うきものを

きものには季節があります。
リメイクする服の季節と合わせて
楽しみましょう。
裏地の付いていないきものは単衣《ひとえ》。
見た目も着心地も軽やかな素材が多く、
春夏に着る服のリメイクに向いています。
一方、裏地の付いているきものは袷《あわせ》。
裏地をそのまま生かすと、
肌寒い春先や秋冬にぴったりの
着心地が暖かな服になります。
きものの裏地は、
日本人の繊細な美意識の象徴。
表地に合う美しい伝統色の
絹素材でできていることが多いので、
とてもおしゃれです。

袷《あわせ》

素材は袷の紬。裏地をそのまま生かして暖かいコートに。

➡ストール&スヌード付き ロングコート（P48）

単衣《ひとえ》

素材は単衣の絽。透け感と軽やかさを生かして春夏の服に。

➡ゆったりシルエットのチュニック（P64）

羽織もリメイク

羽織はおしゃれや寒さよけのために着る和装の上着。脇のまちがあるので身幅がゆったりしています。リメイクするときは形を変えずに、このゆとりを利用します。

脇のまちを生かして、服の上にゆったり羽織れるコートに。

➡ ハーフ丈のコート（P54）

実物大型紙を使ってリメイク

ここからご紹介するのは、実物大型紙を使って作れる作品。
きものリメイクをもっと楽しみたい！　という方は
ぜひトライしてみてください。
実物大型紙をきもの地の上にのせて線の通りに裁ち、ぬい合わせるだけ。
身頃や袖、えりぐりの繊細なカーブのラインが
きれいに、そして簡単に出せます。
サイズも選べるので、より体にフィットする服になります。

実物大型紙をきもの地にのせて…

M・L・LL
サイズ対応の
実物大型紙付き

型紙A面

作り方➡P72～

流れるように しなやかなAライン

身幅たっぷりのチュニックです。身頃に使っているのはきもの地をぬい合わせた広幅の布。緩やかに広がる脇のラインも広幅の布を使うからこそ生まれます。実物大型紙があるので、えりぐりのカーブを出すのも簡単です。素材は布目にすき間のある夏きもの・絽。軽い着心地をきっと好きになります。

きもの Remake

9

ゆったりシルエットのチュニック

動きやすいバルーン袖

袖口にゴムを入れてふわりと仕上げます。胸元をきれいに見せるえりぐりのカーブもポイントです。

きもの地をぬい合わせた広幅の布を使って…

きもの地の幅は約36㎝。これを縦方向に3枚ぬい合わせ、広幅の布にしてから身頃を作ります。

きもの Remake

10 ワイド&ストレートパンツ

きもの地の色柄が映える
シンプルデザイン

M・L・2L・3L
サイズ対応の
実物大型紙付き

型紙B面

作り方➡P76～

形も作り方も右ページのパンツと同じ。ハリのある紬と絣を組み合わせたら、縦のラインが際立って雰囲気がこんなに変わりました。丈は好みで変えましょう。

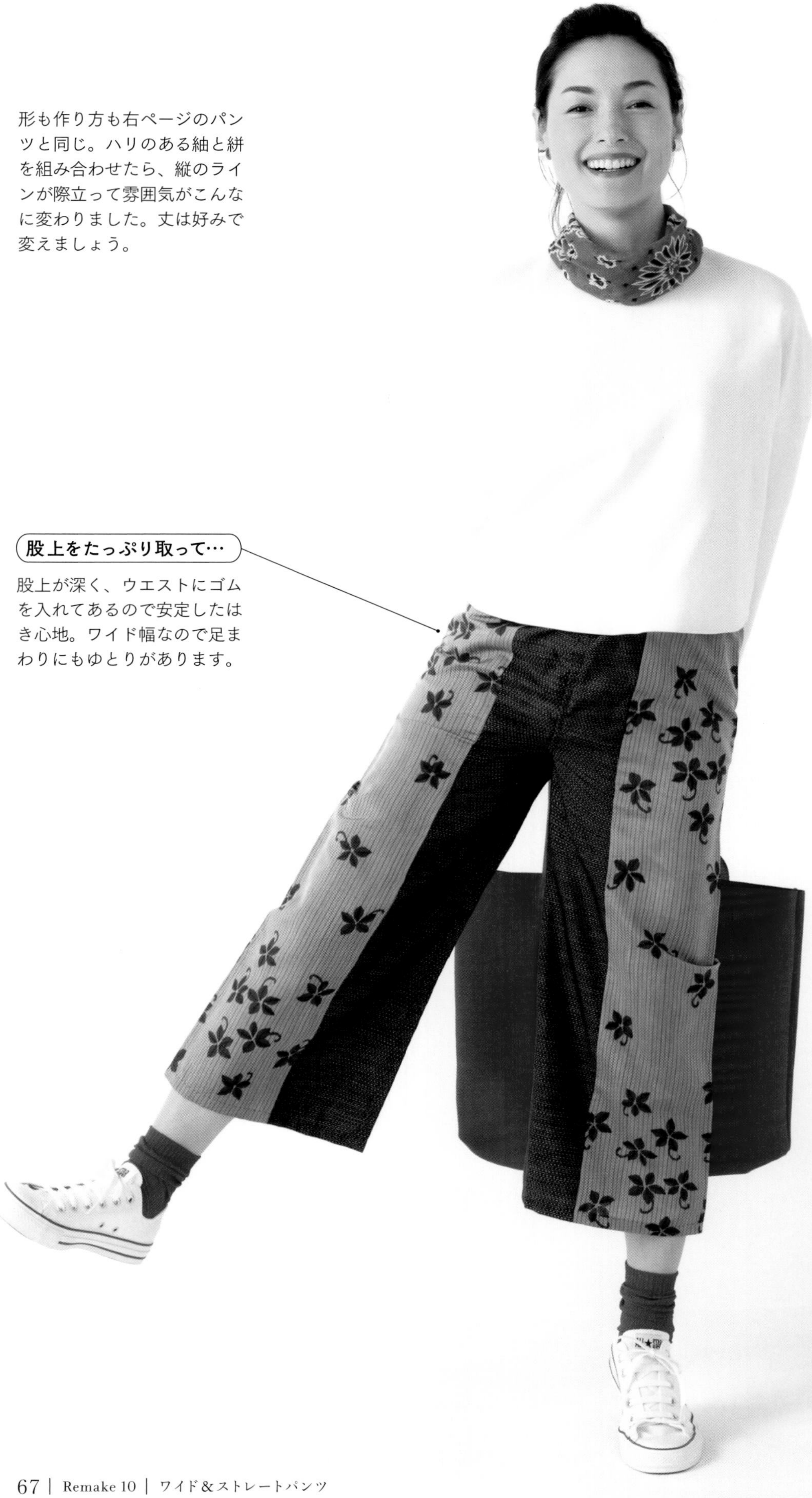

股上をたっぷり取って…

股上が深く、ウエストにゴムを入れてあるので安定したはき心地。ワイド幅なので足まわりにもゆとりがあります。

2種類のきもの地で

流行に左右されずに長く楽しめる、すっきりとした形のパンツです。股上と股下以外はきもの地を縦にまっすぐぬうだけ。そのカーブも、実物大型紙を使えば簡単にきれいなラインが出ます。右ページのパンツの素材はとろみのある縮緬。肌になじみ、はき心地も柔らかです。

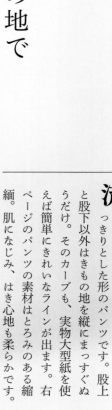

きもの
Remake

11 ドレープジャケット

えりのドレープが波打つように揺れるロング丈

前身頃の丈を後ろ身頃より少し長くした〝前下がり〟の形。ドレープの揺れ感がより際立ち、後ろ姿もすてきです。

涼やかな着心地のセミロング丈

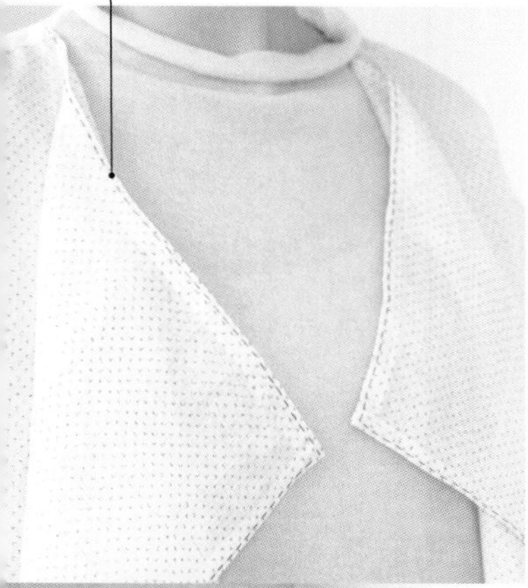

ステッチを効かせて
手ぬいの温かさを出します

ドレープ布の端にあるランニング・ステッチがアクセント。

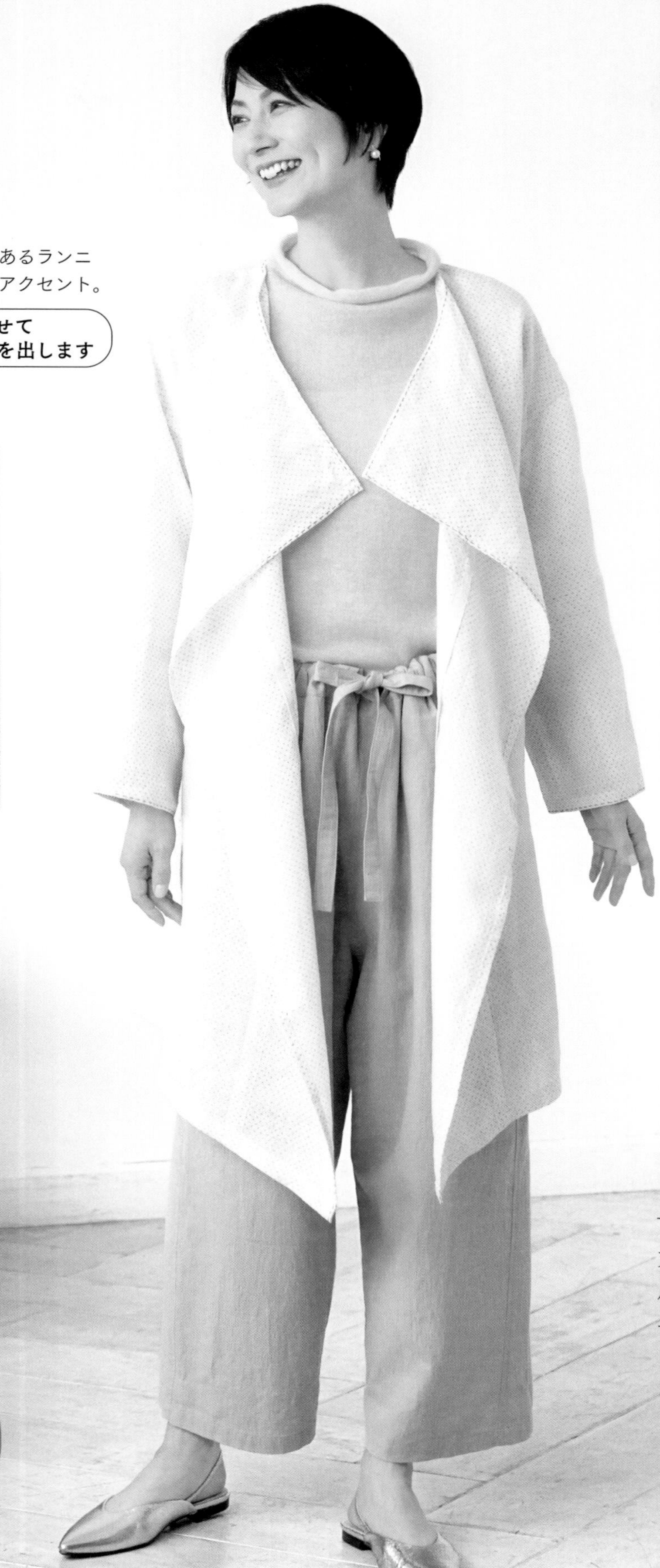

ガウンのようにさらっと羽織って楽しむ、フリーサイズのジャケットです。前身頃の端に付けた四角い布がえり。動くたびにしなやかに形を変えてエレガントです。青い方は透け感のある絽で作ったロング丈。白い方は風通しのいい麻のセミロング丈。好みの丈に仕上げましょう。

M・L・2L・LL
サイズ対応の
実物大型紙付き

型紙A面

作り方➡P79〜

きもの Remake

12 V&ラウンドネックのブラウス

デコルテが美しく見えるVネック

素肌の上に着たときに胸元が美しく見えるように…。ブラウスのえりぐりのラインには、そんな思いが込められています。この写真はシンプルなVネック。鎖骨まわりの露出が気にならないよう、開きを控え目に仕上げます。裾に向かって緩やかに広がる脇のラインには体形をスマートに見せる効果もあります。

優しいラインのラウンドネック

実物大型紙があるので、Vネック、ラウンドネックともにきれいなラインを出すのは簡単。共布のバイアス布でくるんで仕上げます。

えりぐりはバイアス布で…

こちらは緩やかなラウンドネック。えりぐり以外は形も作り方も右ページのVネックと同じです。着る際は、後ろ身頃に付けたボタンを留めます。

M・L
サイズ対応の
実物大型紙付き

型紙B面

作り方➡P82〜

M・L・LL
サイズ対応の
実物大型紙付き
型紙A面

作品➡P64

How to Make 9

ゆったりシルエットのチュニック

きものの素材
単衣の絽

薄手の夏きものの素材。布目に開きがあるので日差しを透かし、見た目も涼し気です。

パーツの内訳
前身頃：95（100）×104㎝1枚、
後ろ身頃：95（100）×104㎝1枚、
前袖：40（45）×36㎝2枚、
後ろ袖：40（45）×36㎝2枚、
えりぐりのバイアス布：36×40㎝1枚
※（　）内はL、LLサイズの寸法

材料
単衣のきもの…1枚
ゴムテープ…0.7㎝幅×60（M）・62（L）・64（LL）㎝
手ぬい糸

きものを四角い布に戻しましょう

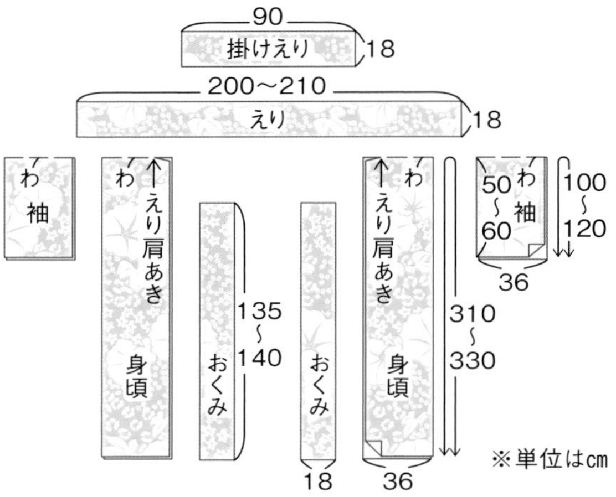

※単位は㎝

ぬい目をほどくと図のような四角い布になります。型紙を使ったきもののリメイクは、この四角い布に実物大型紙をのせて各パーツを裁ちます（実物大型紙の使い方はP86参照）。

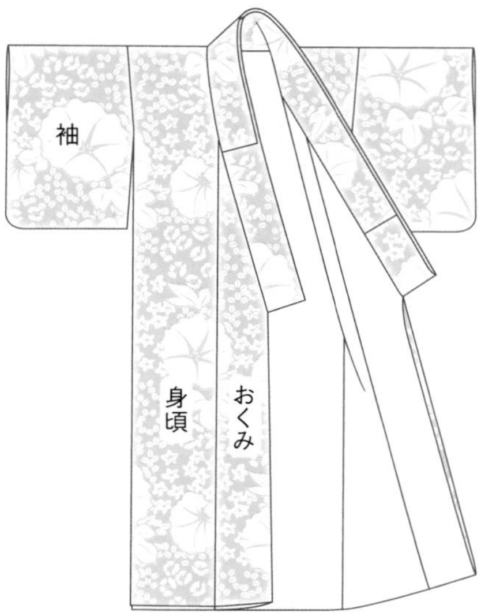

使うきものが決まったら、全体を広げます。

きもののほどき方

糸切りばさみを使ってぬい目を1本ずつ切ります。一度に何目かをほどこうとして布を力まかせに引っ張ると、布が破れてしまうことがあるので気を付けます。ある程度の範囲を切ると写真のようにスムーズにほどけます。

きもの地を
裁つ前に

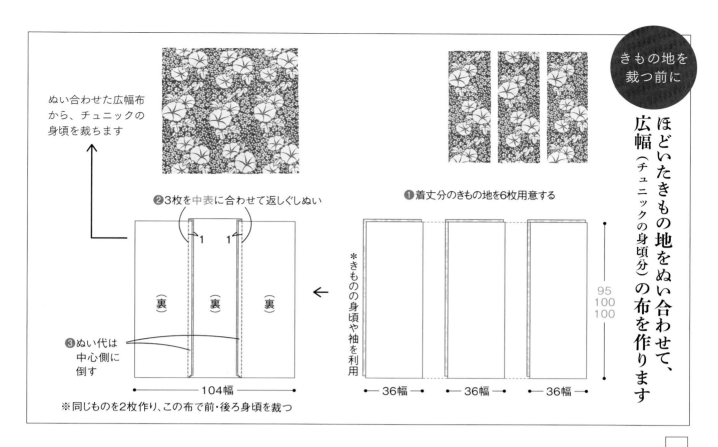

ほどいたきもの地をぬい合わせて、広幅（チュニックの身頃分）の布を作ります

ぬい合わせた広幅布から、チュニックの身頃を裁ちます

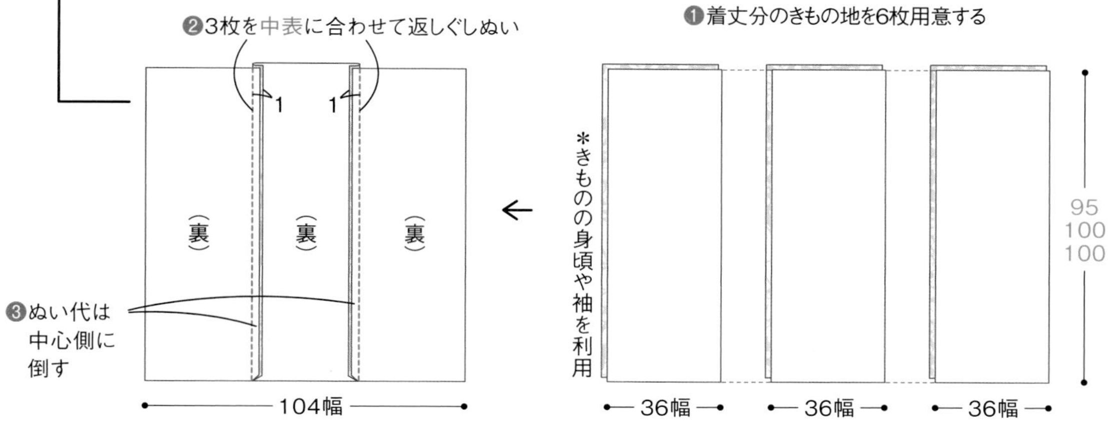

❶着丈分のきもの地を6枚用意する
95
100
100
36幅
36幅
36幅
＊きものの身頃や袖を利用
❷3枚を中表に合わせて返しぐしぬい
1
1
（裏）
（裏）
（裏）
❸ぬい代は中心側に倒す
104幅

※同じものを2枚作り、この布で前・後ろ身頃を裁つ

裁ち方

※○の数字のぬい代を付けて裁つ

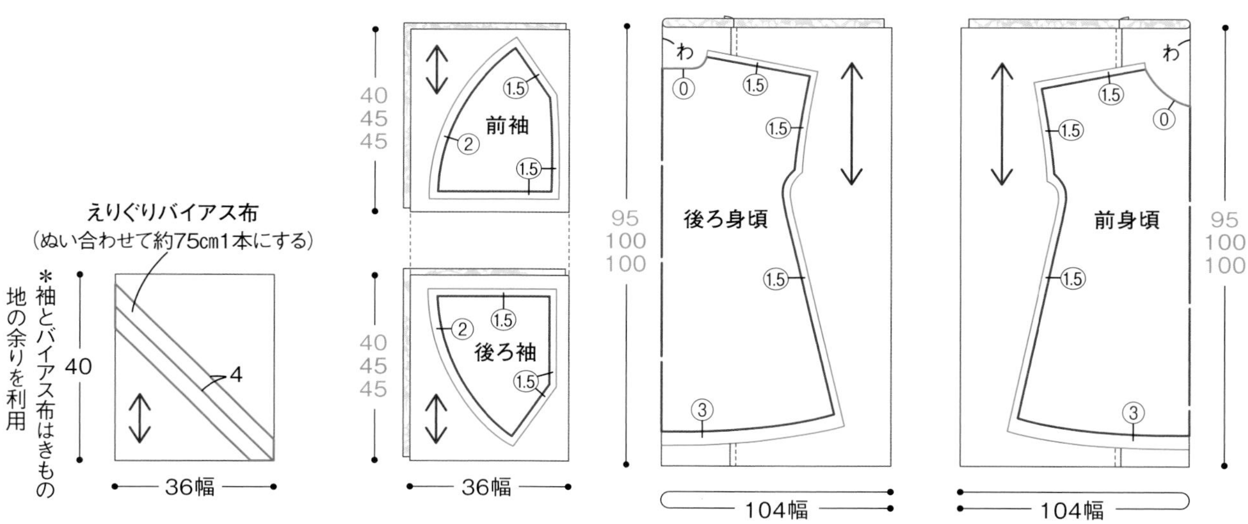

わ
0
1.5
1.5
1.5
3
後ろ身頃
95
100
100
104幅
わ
0
1.5
1.5
1.5
3
前身頃
95
100
100
104幅
40
45
45
1.5
2
前袖
1.5
40
45
45
2
1.5
後ろ袖
1.5
36幅
えりぐりバイアス布
（ぬい合わせて約75cm1本にする）
40
4
36幅
＊袖とバイアス布はきもの地の余りを利用

サイズの選び方

実物大型紙はM・L・LLサイズに対応していますので、身長が160cm、バストが92cmの場合は赤い線になります。

サイズ表

	M	L	LL
身長	156	160	162
バスト	84	92	100

※単位＝cm

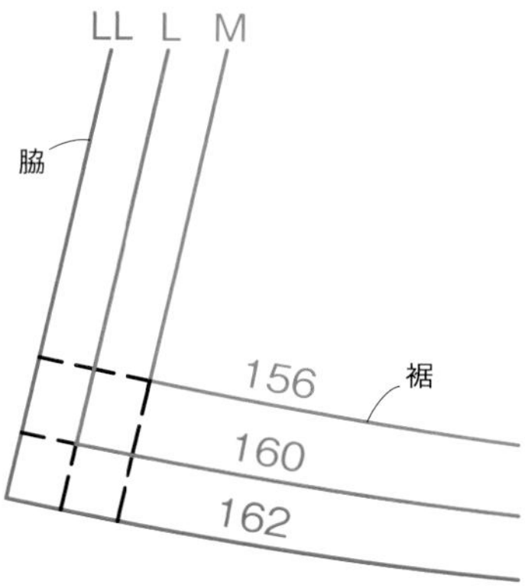

LL
L
M
脇
156
裾
160
162

1.　補強ぬいをする

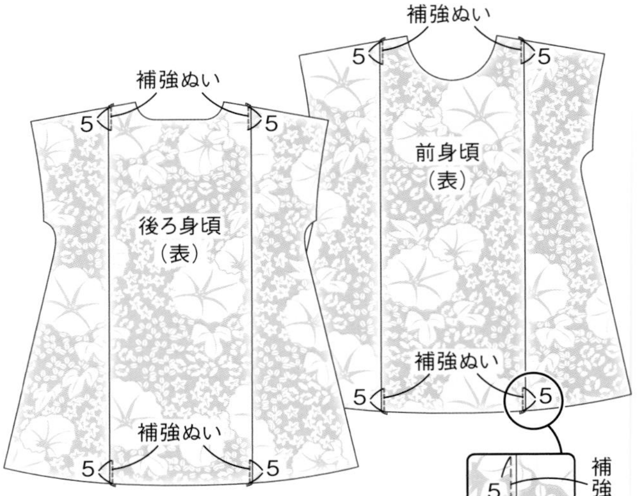

補強ぬい
5
5
補強ぬい
5
5
前身頃
（表）
後ろ身頃
（表）
補強ぬい
5
5
補強ぬい
5
5

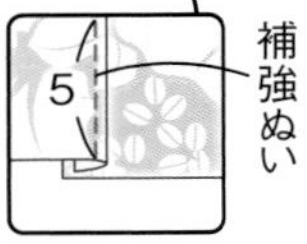

5
補強ぬい

きものの元のぬい目がほどけないよう、ぬい目の際を表側から５㎝並ぬいする。ぬい始めと終わりは２～３回返しぐしぬいする。

2.　肩をぬう

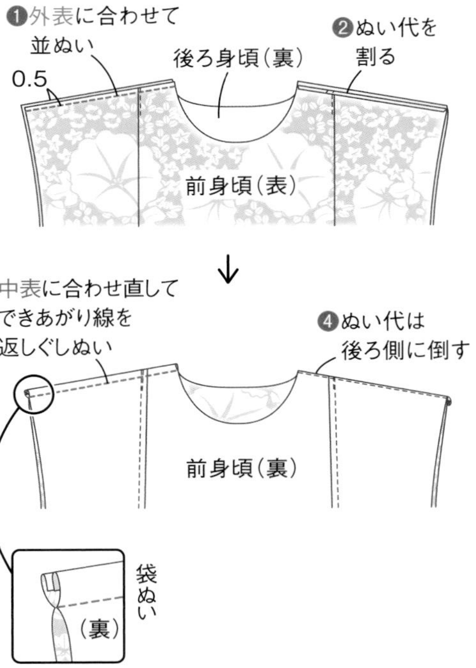

❶外表に合わせて
並ぬい
0.5
後ろ身頃（裏）
❷ぬい代を
割る
前身頃（表）
❸中表に合わせ直して
できあがり線を
返しぐしぬい
❹ぬい代は
後ろ側に倒す
前身頃（裏）
袋ぬい
（裏）

3.　えりぐりをぬう

※伸び止めのために下ぬいする

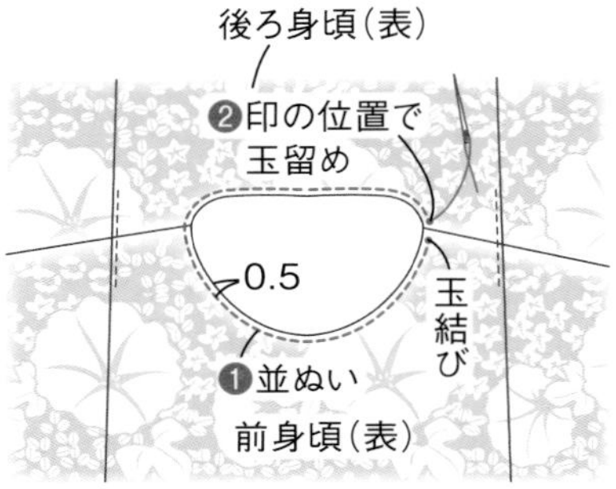

後ろ身頃（表）
❷印の位置で
玉留め
0.5
玉結び
❶並ぬい
前身頃（表）

4.　えりぐりをバイアス布でくるむ

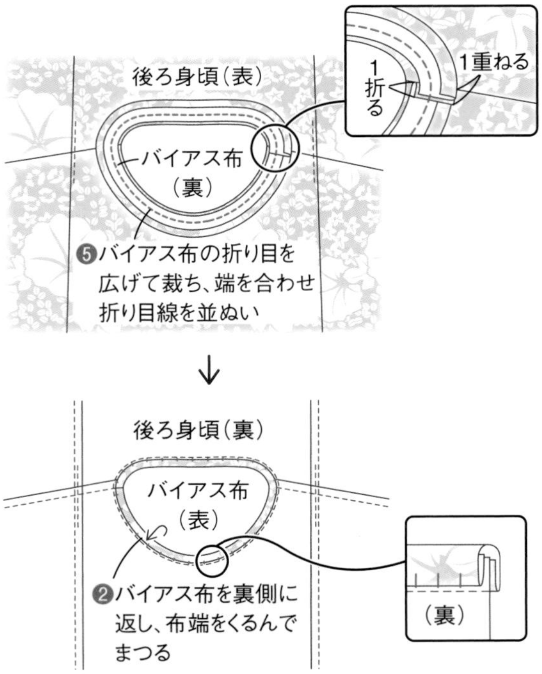

後ろ身頃（表）
1折る
1重ねる
バイアス布
（裏）
❺バイアス布の折り目を
広げて裁ち、端を合わせ
折り目線を並ぬい
後ろ身頃（裏）
バイアス布
（表）
❷バイアス布を裏側に
返し、布端をくるんで
まつる
（裏）

バイアス布の作り方

※バイアス布はぬい合わせて約75㎝1本にする

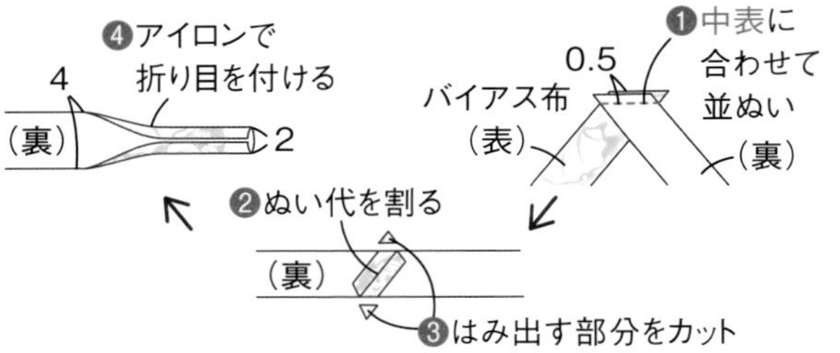

❹アイロンで
折り目を付ける
4
（裏）
2
0.5
❶中表に
合わせて
並ぬい
バイアス布
（表）
（裏）
❷ぬい代を割る
（裏）
❸はみ出す部分をカット

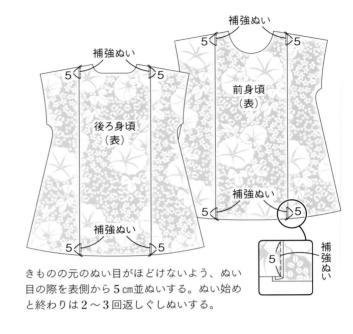

5. 前・後ろ袖をぬう

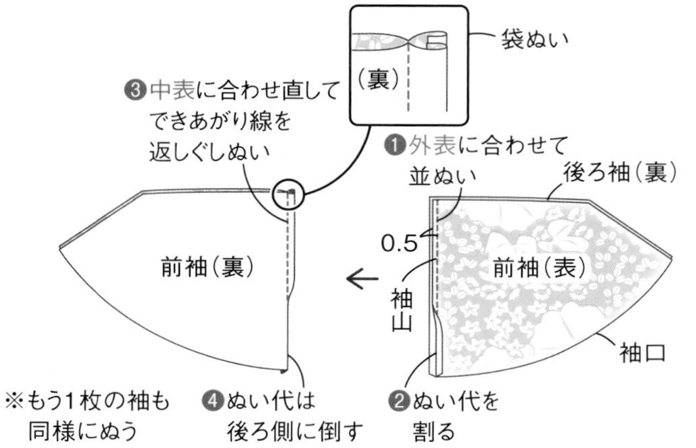
袋ぬい
(裏)
❸中表に合わせ直して
できあがり線を
返しぐしぬい
❶外表に合わせて
並ぬい
後ろ袖(裏)
0.5
前袖(裏)
前袖(表)
袖山
袖口
※もう1枚の袖も
同様にぬう
❹ぬい代は
後ろ側に倒す
❷ぬい代を
割る

6. 袖を付ける

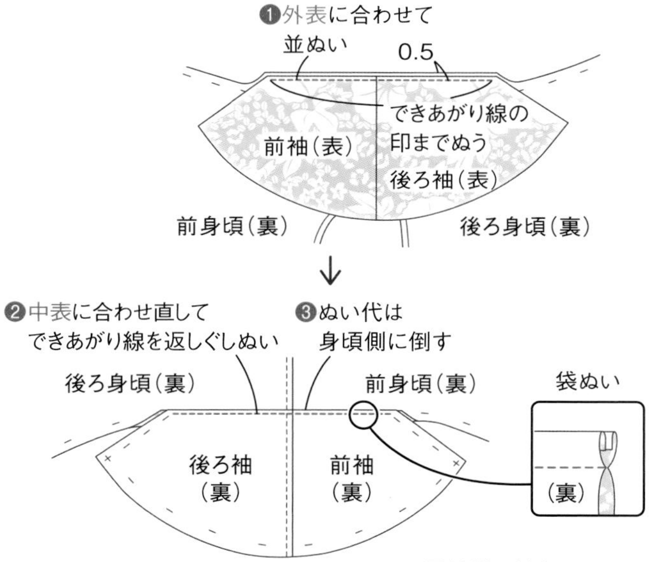
❶外表に合わせて
並ぬい
0.5
できあがり線の
印までぬう
前袖(表)
後ろ袖(表)
前身頃(裏)
後ろ身頃(裏)
❷中表に合わせ直して
できあがり線を返しぐしぬい
❸ぬい代は
身頃側に倒す
後ろ身頃(裏)
前身頃(裏)
袋ぬい
後ろ袖
(裏)
前袖
(裏)
(裏)

※反対側の袖も
同様にぬう

7. 袖下、脇をぬう

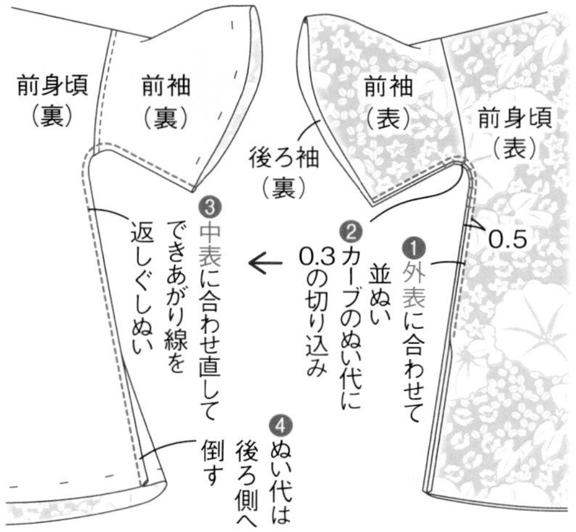
前身頃
(裏)
前袖
(裏)
前袖
(表)
前身頃
(表)
後ろ袖
(裏)
0.5
❶外表に合わせて
並ぬい
❷カーブのぬい代に
0.3の切り込み
❸中表に合わせ直して
できあがり線を
返しぐしぬい
❹ぬい代は
後ろ側へ
倒す

※反対側も同様にぬう

8. 裾をぬう

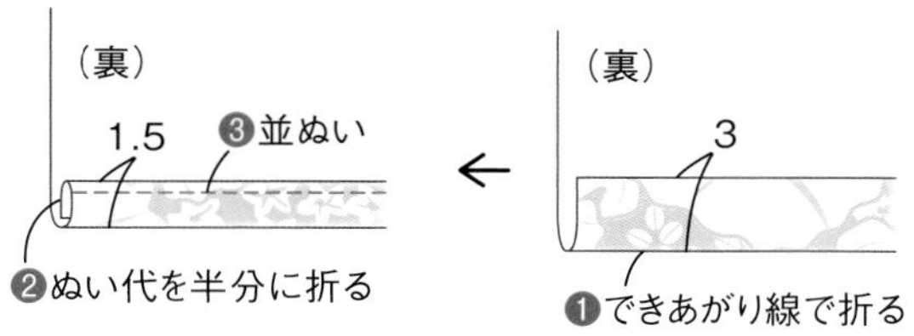
(裏)
1.5
❸並ぬい
❷ぬい代を半分に折る
(裏)
3
❶できあがり線で折る

9. 袖口をぬう

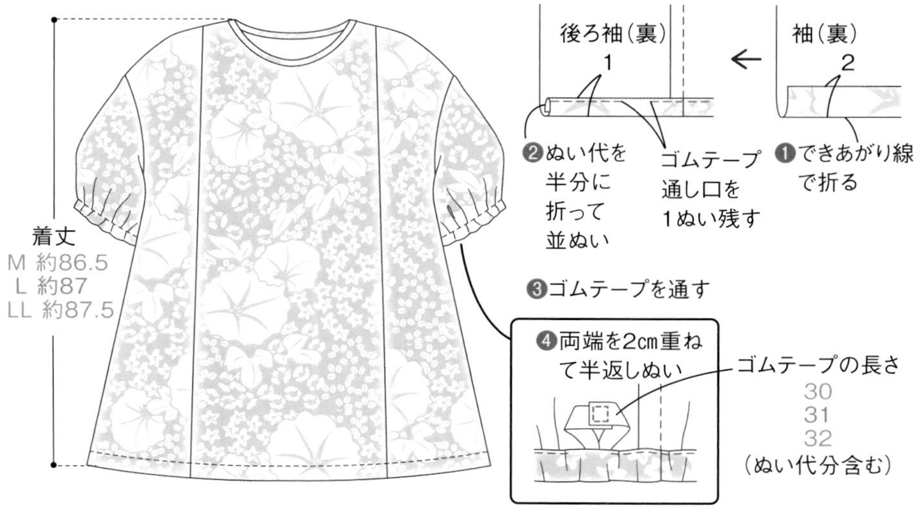
着丈
M 約86.5
L 約87
LL 約87.5
後ろ袖(裏)
1
❷ぬい代を
半分に
折って
並ぬい
ゴムテープ
通し口を
1ぬい残す
袖(裏)
2
❶できあがり線
で折る
❸ゴムテープを通す
❹両端を2cm重ね
て半返しぬい
ゴムテープの長さ
30
31
32
(ぬい代分含む)

How to Make
10
ワイド&ストレートパンツ

M・L・2L・3L
サイズ対応の
実物大型紙付き
型紙B面

作品➡P66

P66

きものの素材
単衣の縮緬

表面に凹凸がある絹織物。しっとりとした独特の手触りで、リメイク服に柔らかさが出ます。

P67

きものの素材
単衣の紬、絣

花柄の布は程よいハリがある紬。紺色の無地の布は経糸か緯糸、またはその両方を染めてから織る絣。

パンツは素材違い。どちらも同じ手順で作れます。

パーツの内訳
前・後ろ・脇布：36×100cm6枚
ウエスト布：18×120cm1枚
＊P66のパンツは1種類の布で作る
＊P67のパンツは前・後ろ・ウエスト布と脇布の素材を変える

材料
単衣のきもの…1枚（P67のパンツは2枚）
ゴムテープ…2cm幅×ウエスト寸法の95%の長さ、手ぬい糸

きものを四角い布に戻しましょう

※単位はcm

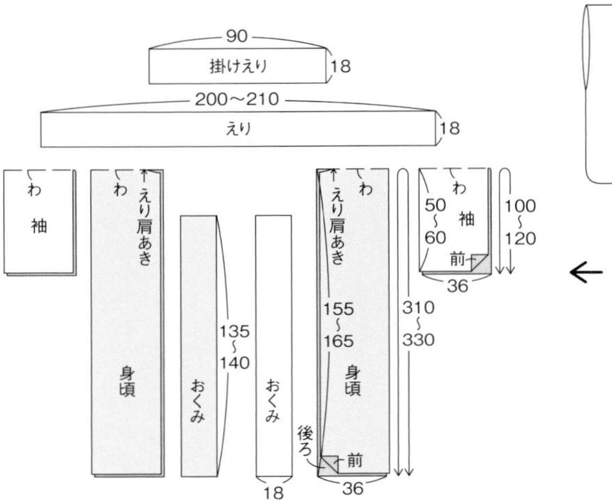

型紙を使ったきものリメイクは、この四角い布に実物大型紙をのせて各パーツを裁ちます（実物大型紙の使い方はP86参照）。

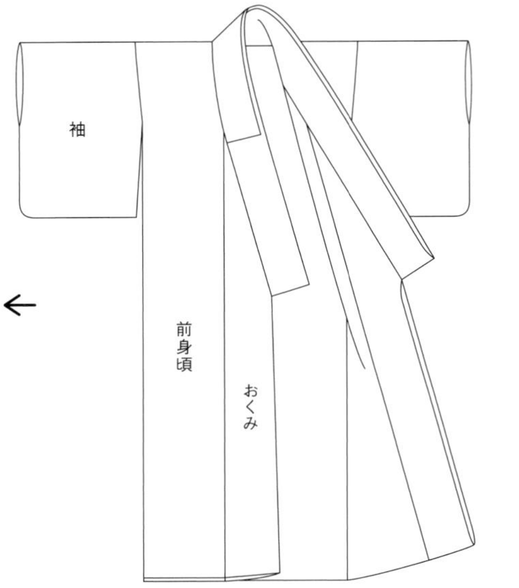

使うきものが決まったら、全体を広げます。

裁ち方

※○の数字のぬい代を含む

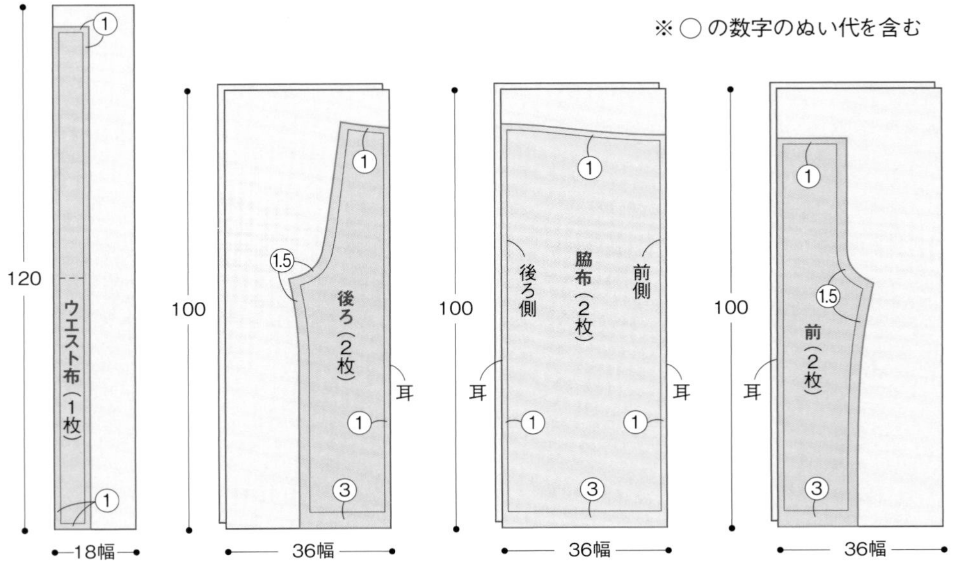

サイズの選び方

実物大型紙はM・L・2L・3Lサイズに対応しています。このパンツはサイズ表の身長とヒップを参考に選ぶので、身長が160㎝、ヒップが96㎝の場合は赤い線になります。

サイズ表

	M	L	2L	3L
身長	156	160	162	164
ヒップ	92	96	102	110

※単位＝㎝

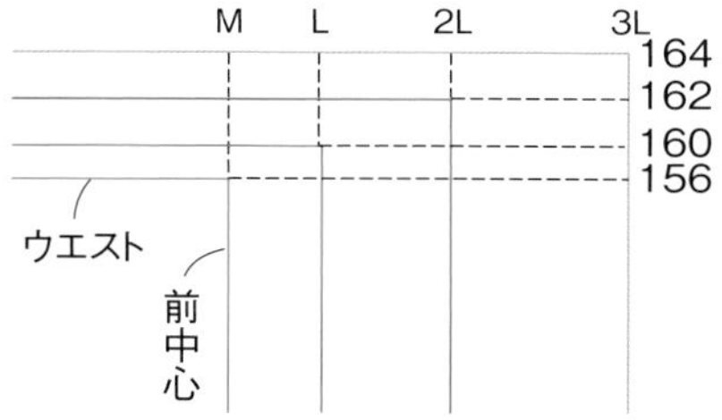

M
L
2L
3L
164
162
160
156
ウエスト
前中心

1. 前股上をぬう

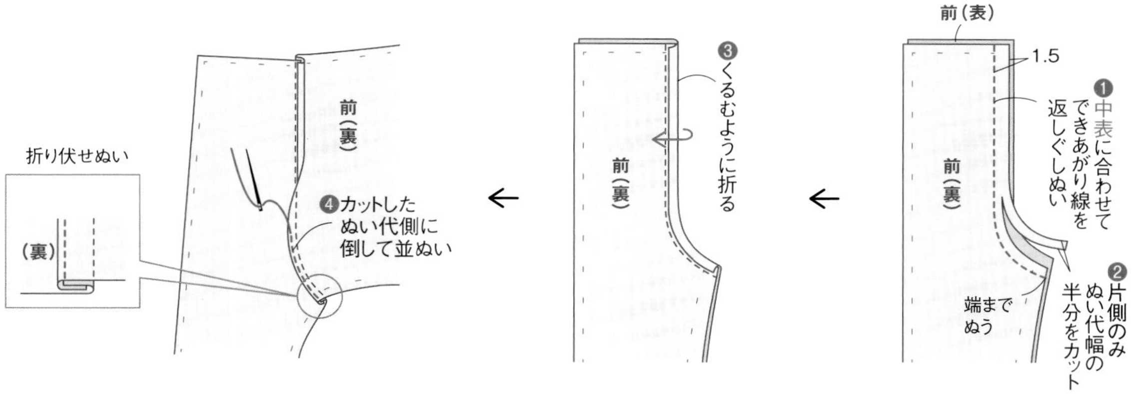

前（表）
1.5
❶中表に合わせてできあがり線を返しぐしぬい
❷片側のみぬい代幅の半分をカット
端までぬう
前（裏）
❸くるむように折る
❹カットしたぬい代側に倒して並ぬい
折り伏せぬい
（裏）

2. 後ろ股上をぬう

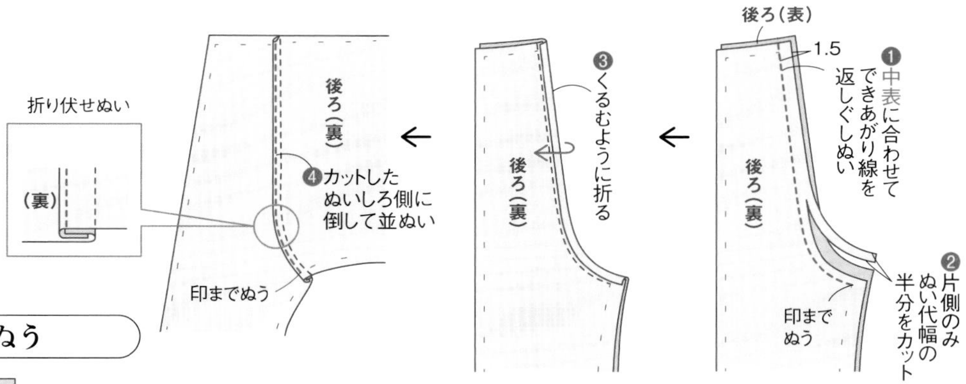

後ろ（表）
1.5
❶中表に合わせてできあがり線を返しぐしぬい
❷片側のみぬい代幅の半分をカット
印までぬう
後ろ（裏）
❸くるむように折る
❹カットしたぬいしろ側に倒して並ぬい
印までぬう
折り伏せぬい
（裏）

3. 股下をぬう

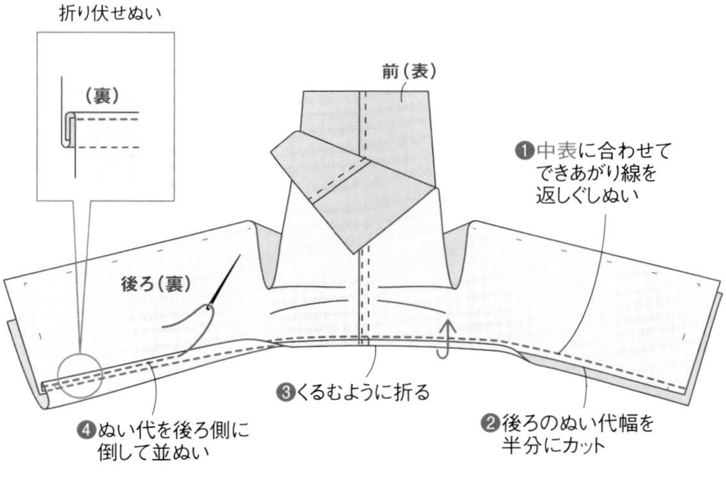

折り伏せぬい
（裏）
前（表）
❶中表に合わせてできあがり線を返しぐしぬい
後ろ（裏）
❸くるむように折る
❷後ろのぬい代幅を半分にカット
❹ぬい代を後ろ側に倒して並ぬい

4. 脇布と前・後ろをぬう

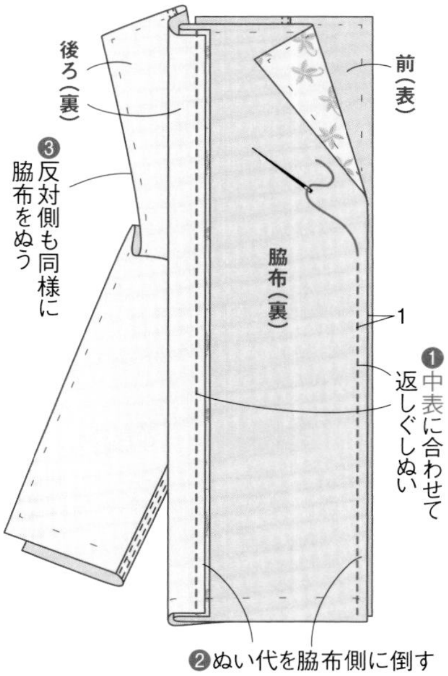

後ろ（裏）
前（表）
❸反対側も同様に脇布をぬう
脇布（裏）
1
❶中表に合わせて返しぐしぬい
❷ぬい代を脇布側に倒す

5.　ウエスト布を作る

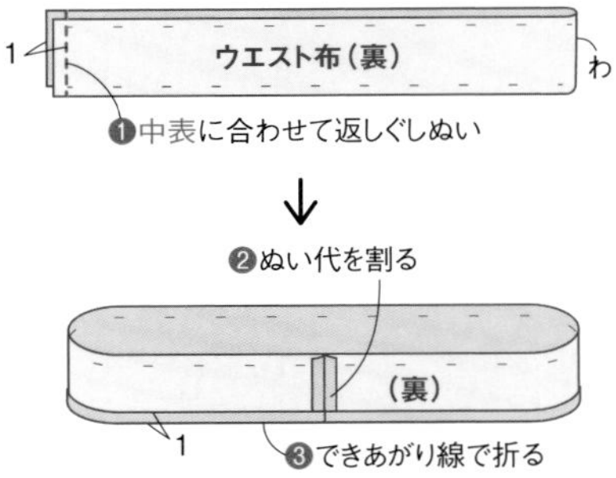
1
ウエスト布（裏）
わ
❶中表に合わせて返しぐしぬい
❷ぬい代を割る
（裏）
1
❸できあがり線で折る

6.　ウエスト布を付ける

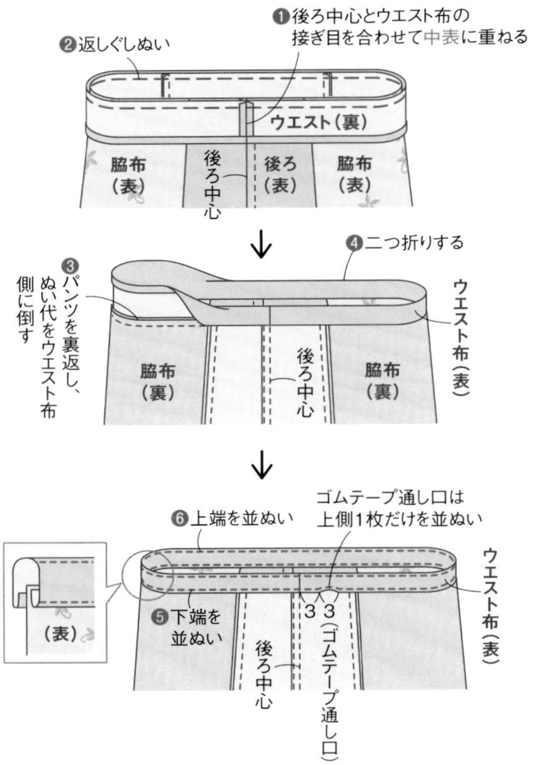
❷返しぐしぬい
❶後ろ中心とウエスト布の接ぎ目を合わせて中表に重ねる
ウエスト（裏）
脇布（表）
後ろ中心
後ろ（表）
脇布（表）
❹二つ折りする
❸パンツを裏返し、ぬい代をウエスト布側に倒す
ウエスト布（表）
脇布（裏）
後ろ中心
脇布（裏）
❻上端を並ぬい
ゴムテープ通し口は上側1枚だけを並ぬい
ウエスト布（表）
（表）
❺下端を並ぬい
3
3（ゴムテープ通し口）
後ろ中心

7.　裾をぬう

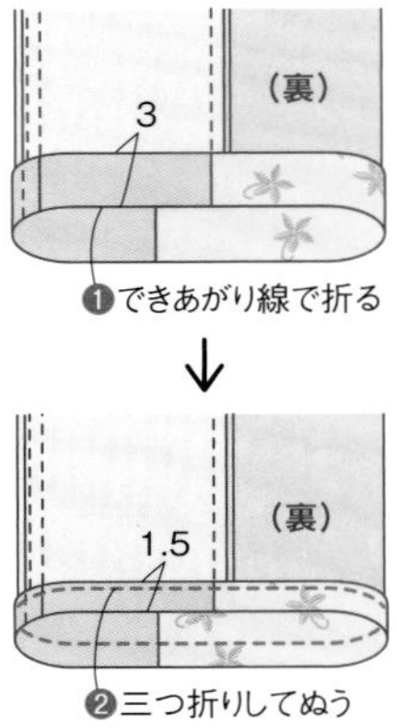
（裏）
3
❶できあがり線で折る
（裏）
1.5
❷三つ折りしてぬう

8.　ウエストにゴムテープを通す

左は前・後ろ・ウエスト布と脇布を１種類の布で作ります。

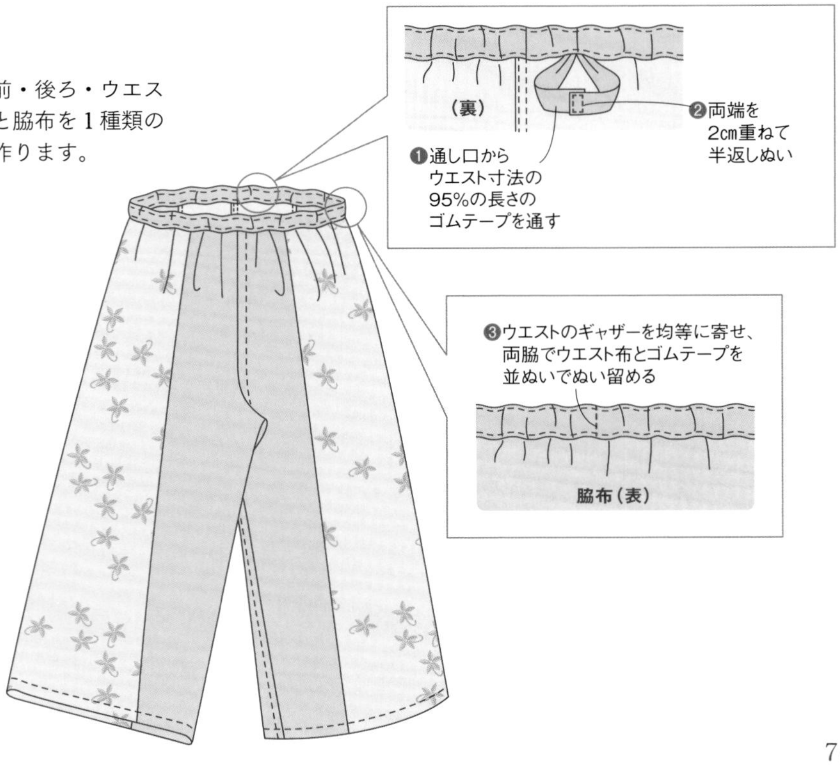
（裏）
❷両端を2㎝重ねて半返しぬい
❶通し口からウエスト寸法の95%の長さのゴムテープを通す
❸ウエストのギャザーを均等に寄せ、両脇でウエスト布とゴムテープを並ぬいでぬい留める
脇布（表）

How to Make

11

ドレープジャケット

P 69

きものの素材

単衣の麻

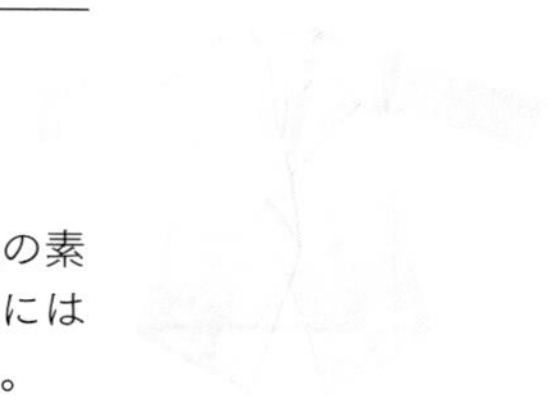

独特なハリがある人気の素材。使用したきもの地には絣模様が入っています。

P 68

きものの素材

単衣の絽

布目に規則的な開きのある夏きものの素材。日差しに透けて風通しもよく、夏の羽織物にぴったりです。

2つのドレープジャケットの違いは着丈のみ。どちらも同じ手順で作れます。

フリーサイズ
対応の
実物大型紙付き
型紙A面

作品➡P68

きものを四角い布に戻しましょう

材料

P 68 〈ひざ下丈のロングタイプ〉
単衣のきもの…1枚、手ぬい糸

P 69 〈腰丈のセミロングタイプ〉
単衣のきもの…1枚、手ぬい糸、飾りステッチ用シルクの糸

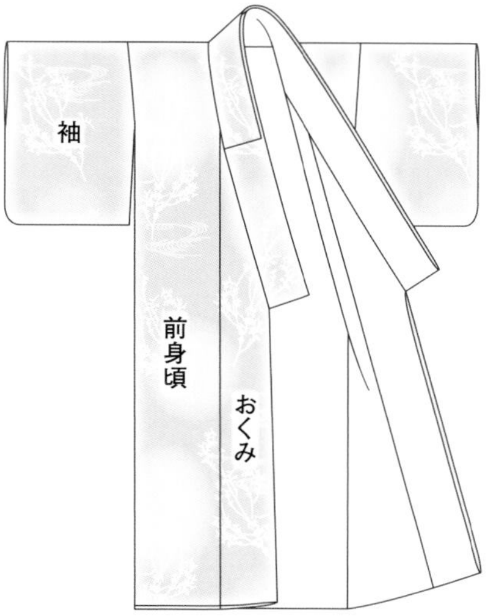

袖
前身頃
おくみ

使うきものが決まったら、全体を広げます。

↓

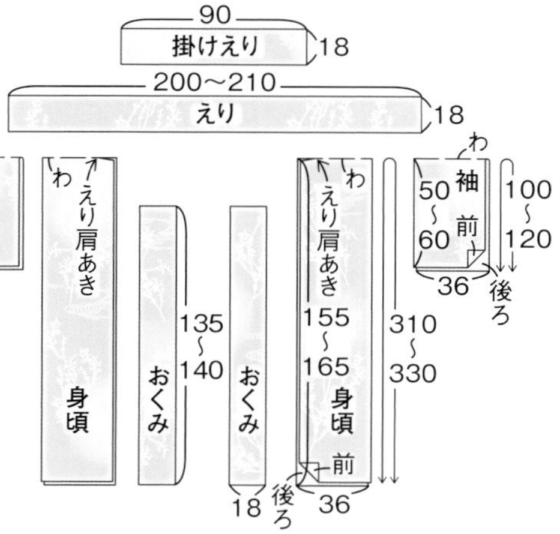

90
掛けえり
18
200～210
えり
18
わ
袖
わ
えり肩あき
身頃
135～140
おくみ
おくみ
18
わ
えり肩あき
155～165
身頃
前
後ろ
36
310～330
わ
50～60
袖
前
36
後ろ
100～120

型紙を使ったきものリメイクは、この四角い布に実物大型紙をのせて各パーツを裁ちます（実物大型紙の使い方はP86参照）。

パーツの内訳

前身頃：36×125（105）cm2枚
後ろ身頃：36×120（100）cm2枚
前端：18×125（105）cm2枚
前袖：36×55cm2枚
後ろ袖：18×55cm2枚
えりぐりバイアス布：36×40cm1枚
※（ ）内はセミロングタイプの寸法

裁ち方

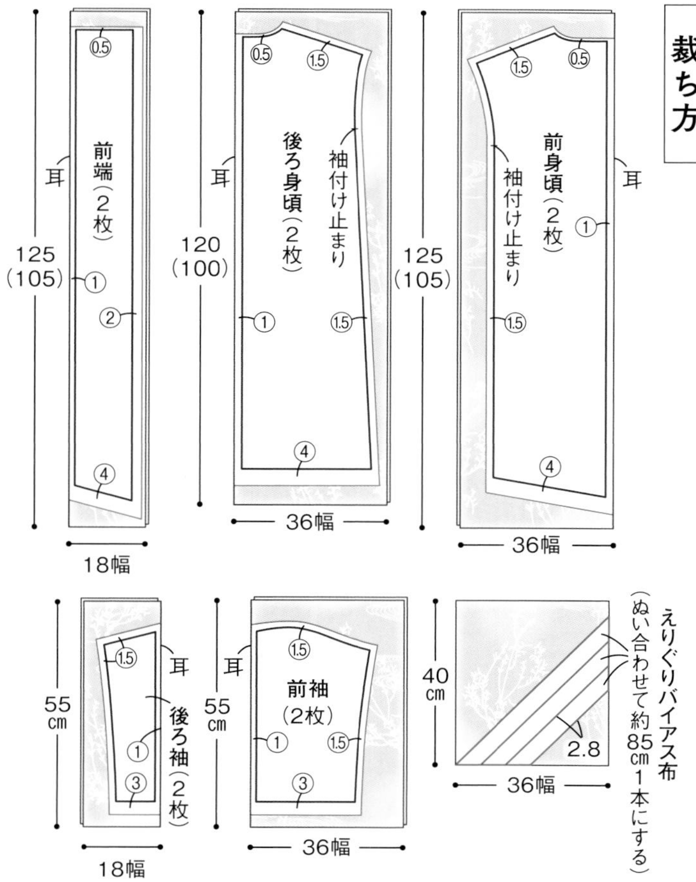

0.5
前端（2枚）
耳
125（105）
1
2
4
18幅
0.5
1.5
後ろ身頃（2枚）
袖付け止まり
耳
120（100）
1
1.5
4
36幅
1.5
0.5
前身頃（2枚）
袖付け止まり
耳
125（105）
1
1.5
4
36幅
1.5
耳
後ろ袖（2枚）
55cm
1
3
18幅
1.5
前袖（2枚）
耳
55cm
1
1.5
3
36幅
40cm
2.8
36幅
えりぐりバイアス布（ぬい合わせて約85cm1本にする）

※単位はcm
※○の数字のぬい代を付けて裁つ
※前・後ろ身頃、前端、前・後ろ袖は耳を利用

1. 前身頃と前端をぬい合わせる

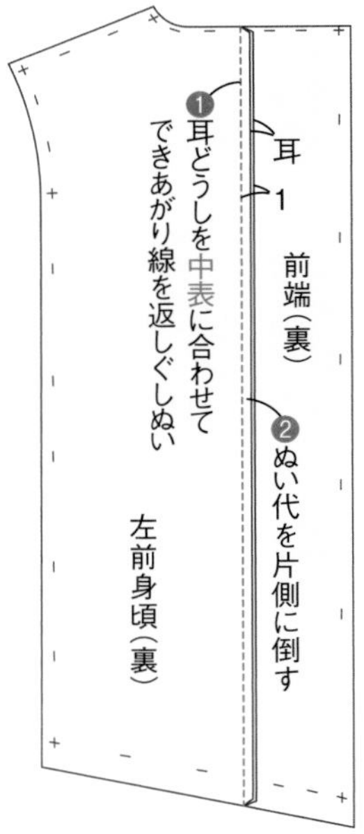
❶耳どうしを中表に合わせてできあがり線を返しぐしぬい
耳
1
前端（裏）
❷ぬい代を片側に倒す
左前身頃（裏）

※反対側も同様にぬう

2. 後ろ中心をぬう

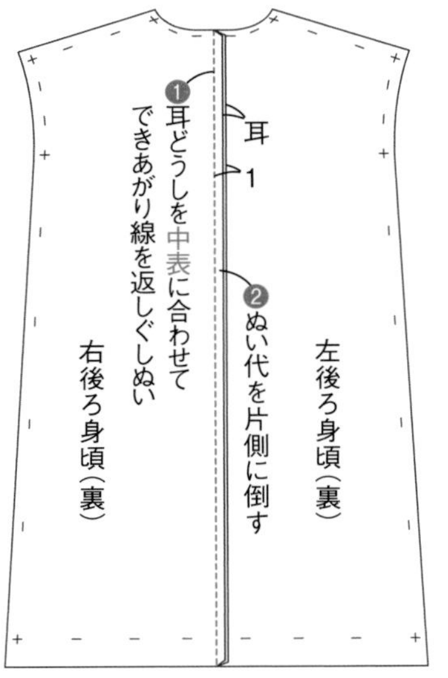
❶耳どうしを中表に合わせてできあがり線を返しぐしぬい
耳
1
❷ぬい代を片側に倒す
右後ろ身頃（裏）
左後ろ身頃（裏）

3. 肩をぬう

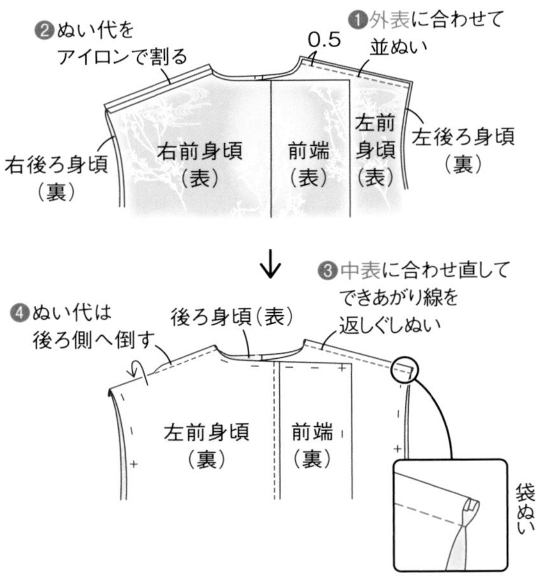
❷ぬい代をアイロンで割る
0.5
❶外表に合わせて並ぬい
右後ろ身頃（裏）
右前身頃（表）
前端（表）
左前身頃（表）
左後ろ身頃（裏）
❸中表に合わせ直してできあがり線を返しぐしぬい
❹ぬい代は後ろ側へ倒す
後ろ身頃（表）
左前身頃（裏）
前端（裏）
袋ぬい

4. 前端をぬう

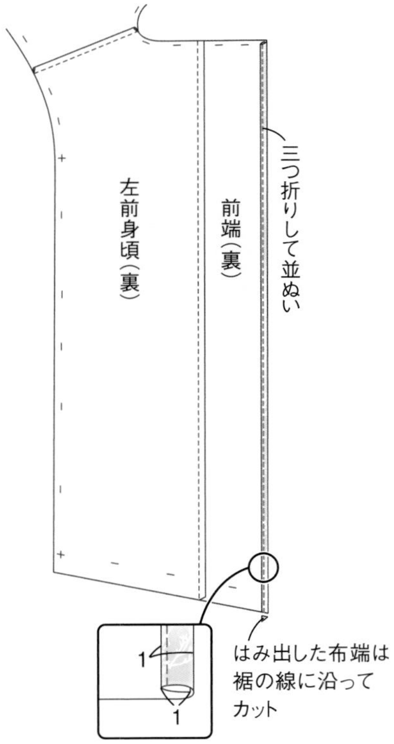
左前身頃（裏）
前端（裏）
三つ折りして並ぬい
1
1
はみ出した布端は裾の線に沿ってカット

5. えりぐりをバイアス布でくるむ

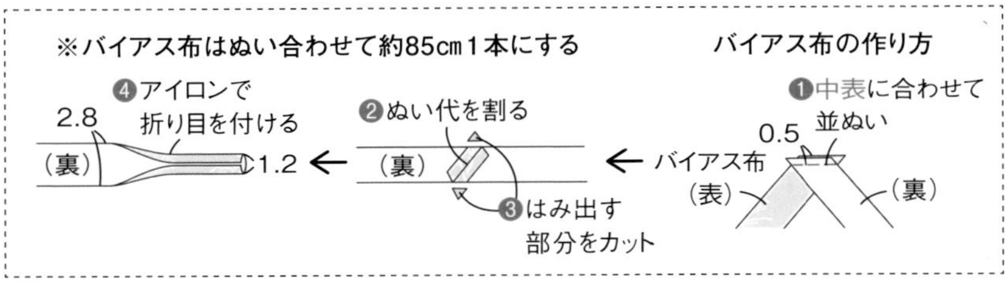
※バイアス布はぬい合わせて約85㎝1本にする
バイアス布の作り方
❶中表に合わせて並ぬい
0.5
バイアス布（表）
（裏）
❷ぬい代を割る
（裏）
❸はみ出す部分をカット
❹アイロンで折り目を付ける
2.8
（裏）
1.2

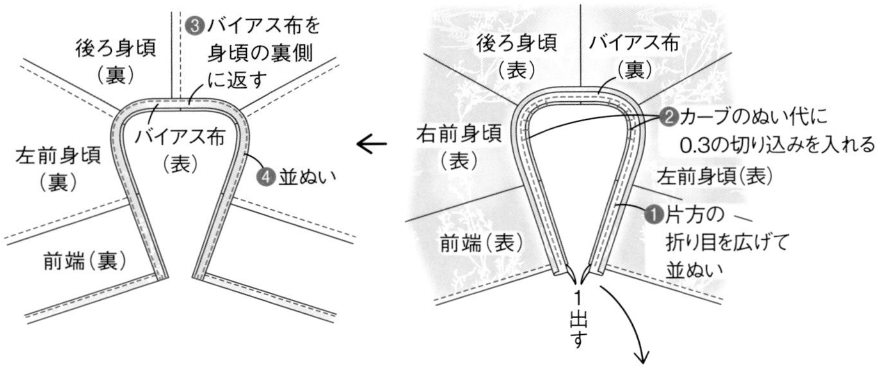
後ろ身頃（表）
バイアス布（裏）
右前身頃（表）
❷カーブのぬい代に0.3の切り込みを入れる
左前身頃（表）
❶片方の折り目を広げて並ぬい
前端（表）
1出す
後ろ身頃（裏）
❸バイアス布を身頃の裏側に返す
バイアス布（表）
左前身頃（裏）
❹並ぬい
前端（裏）

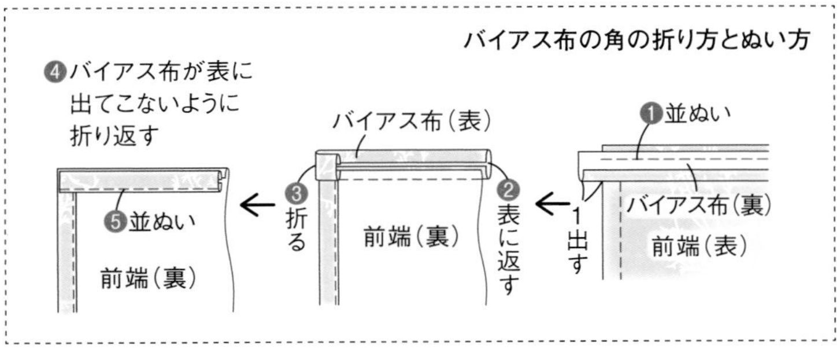
バイアス布の角の折り方とぬい方
❶並ぬい
バイアス布（裏）
前端（表）
1出す
❷表に返す
バイアス布（表）
前端（裏）
❸折る
❹バイアス布が表に出てこないように折り返す
❺並ぬい
前端（裏）

6. 袖を付ける

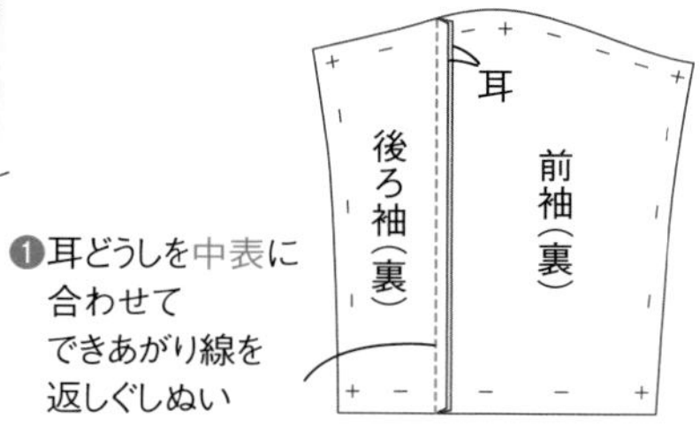
耳
後ろ袖（裏）
前袖（裏）
❶耳どうしを中表に合わせてできあがり線を返しぐしぬい

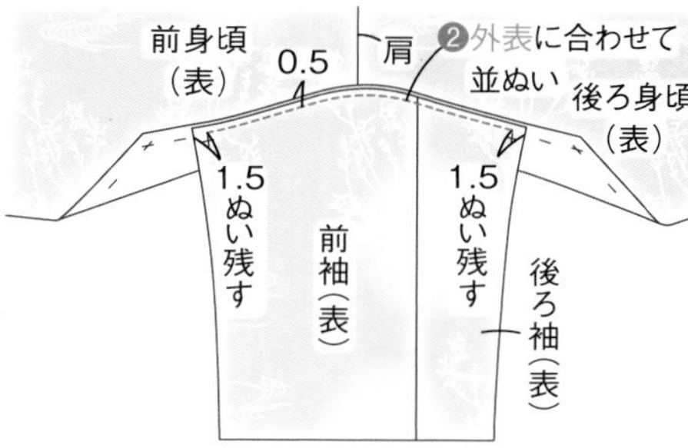
前身頃（表）
0.5
肩
❷外表に合わせて並ぬい
後ろ身頃（表）
1.5 ぬい残す
1.5 ぬい残す
前袖（表）
後ろ袖（表）

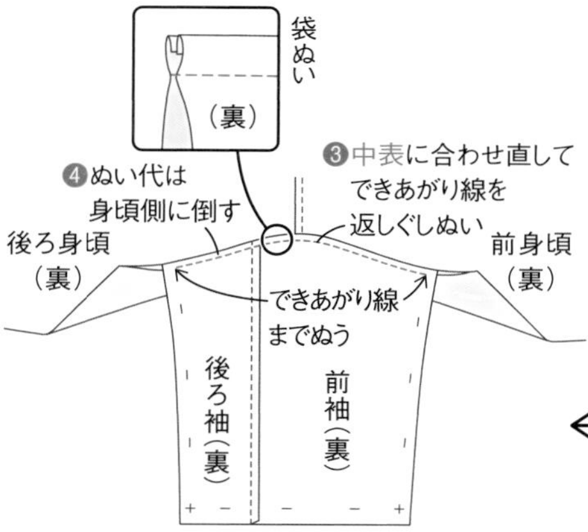
袋ぬい
（裏）
❹ぬい代は身頃側に倒す
❸中表に合わせ直してできあがり線を返しぐしぬい
後ろ身頃（裏）
前身頃（裏）
できあがり線までぬう
後ろ袖（裏）
前袖（裏）

※反対側も同様にぬう

7. 袖下、脇をぬう

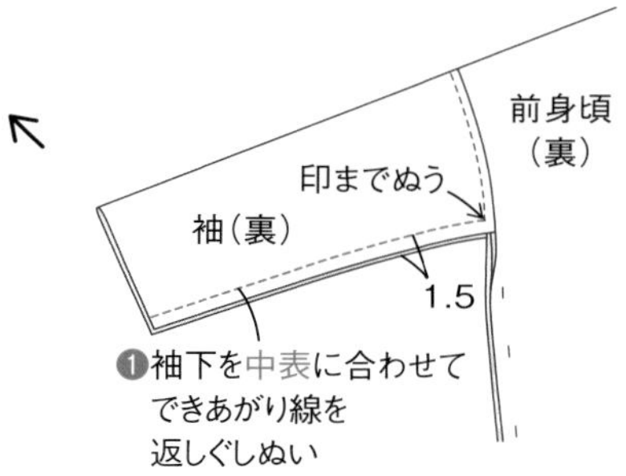
前身頃（裏）
印までぬう
袖（裏）
1.5
❶袖下を中表に合わせてできあがり線を返しぐしぬい

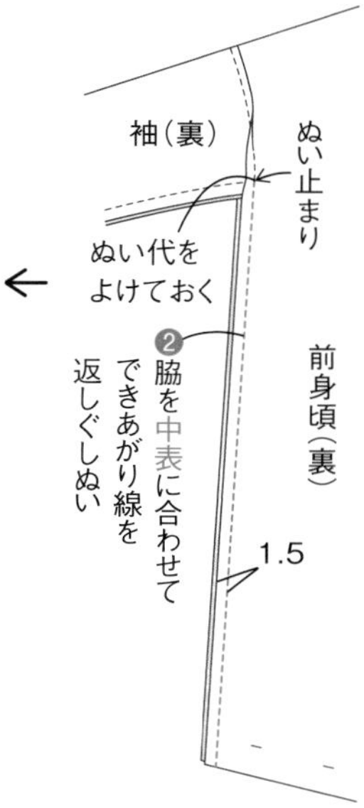
袖（裏）
ぬい止まり
ぬい代をよけておく
❷脇を中表に合わせてできあがり線を返しぐしぬい
前身頃（裏）
1.5

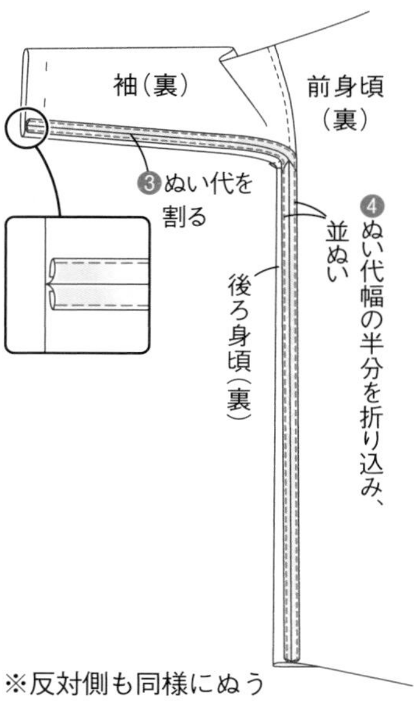
袖（裏）
前身頃（裏）
❸ぬい代を割る
❹ぬい代幅の半分を折り込み、並ぬい
後ろ身頃（裏）

※反対側も同様にぬう

8. 裾、袖口をぬう

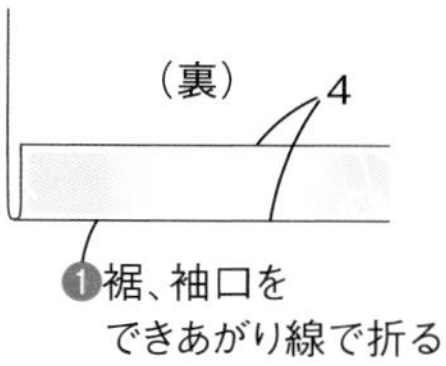
（裏）
4
❶裾、袖口をできあがり線で折る

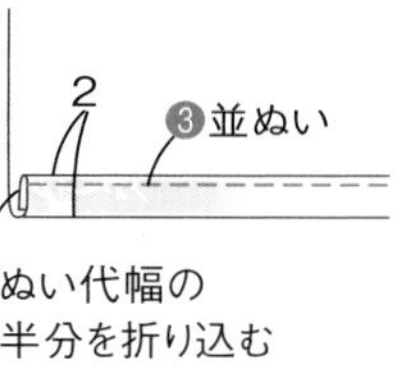
2
❸並ぬい
❷ぬい代幅の半分を折り込む

えりぐり〜前端〜裾、袖口にシルクの糸でランニング・ステッチ
87
ランニング・ステッチ
表側の布のみすくってステッチ

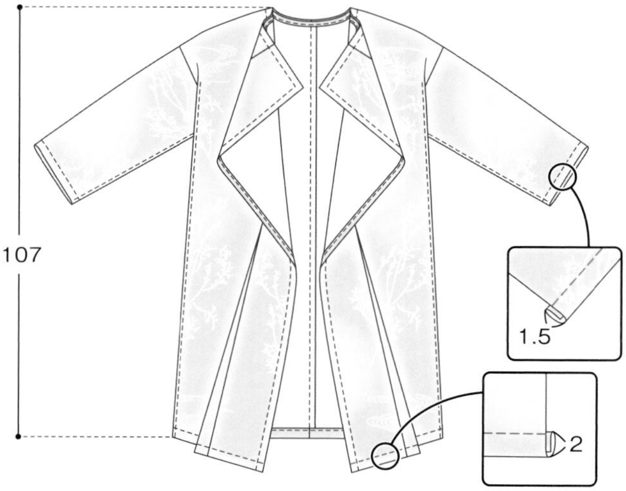
107
1.5
2

How to Make

12

V&ラウンドネックのブラウス

M・Lサイズ
対応の
実物大型紙付き
型紙B面

作品➡P70

Vネック

P 70

きものの素材

単衣の銘仙

ハリのある素材。独特の艶があり、花や幾何学模様などの個性的な織り模様が魅力。

材料
単衣のきもの地…1枚、手ぬい糸
パーツの内訳
前身頃・後ろ身頃：36×90cm4枚、
袖：36×55cm2枚、
バイアス布：36×50cm1枚

ラウンドネック

P 71

きものの素材

単衣の縮緬

表面にしぼと呼ばれる凹凸があり、手触り滑らか。とろみのある柔らかいブラウスに仕上がります。

材料
単衣のきもの地…1枚、手ぬい糸
パーツの内訳
前身頃・後ろ身頃：36×90cm4枚、
袖：36×55cm2枚、
バイアス布・ループ：36×50cm1枚
ボタン…直径約1.2cm×1個

きものを四角い布に戻しましょう

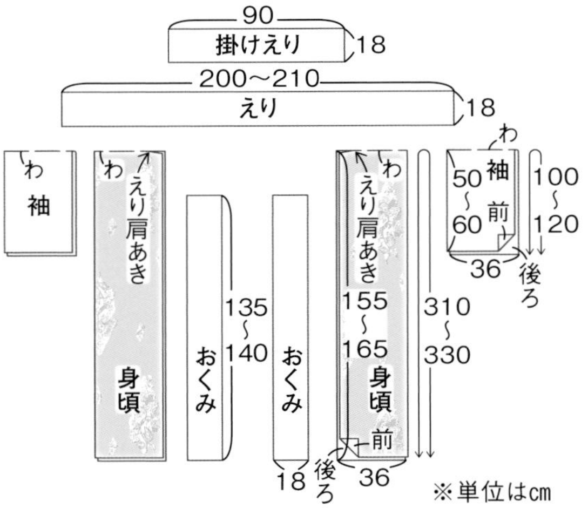

※単位はcm

型紙を使ったきものリメイクは、この四角い布に実物大型紙をのせて各パーツを裁ちます（実物大型紙の使い方はP86参照）。

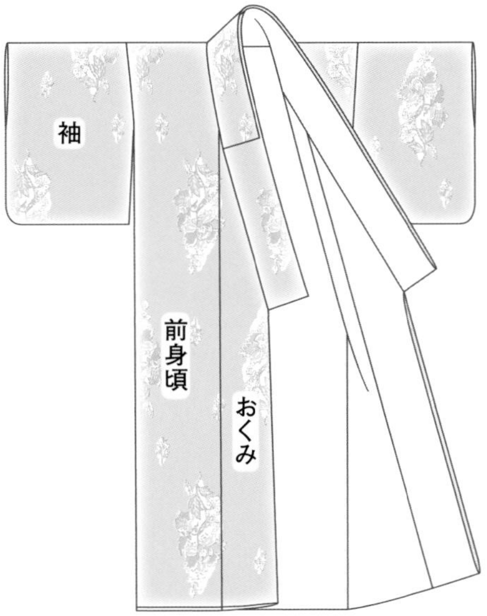

使うきものが決まったら、全体を広げます。

※単位はcm
※○の数字のぬい代を付けて裁つ
※前・後ろ身頃は耳を利用

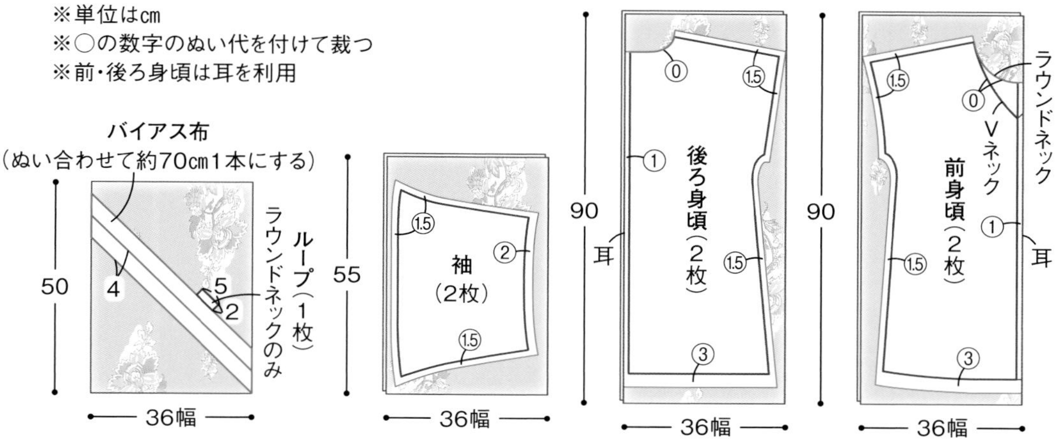
バイアス布
（ぬい合わせて約70cm1本にする）
50
4
5
2
ループ（1枚）
ラウンドネックのみ
36幅
55
袖
（2枚）
1.5
2
1.5
36幅
90
後ろ身頃（2枚）
0
1.5
1
耳
1.5
3
36幅
90
前身頃（2枚）
ラウンドネック
0
Vネック
1.5
1
耳
1.5
3
36幅

サイズの選び方

実物大型紙はM・Lサイズに対応していますので、サイズ表から自分のサイズに近い線を選びます。

サイズ表

	M	L
身長	156	160
バスト	84	92
ヒップ	92	96

※単位はcm

裁ち方はえりぐり以外、ラウンドネック・Vネック共通です。

1. 前中心をぬう

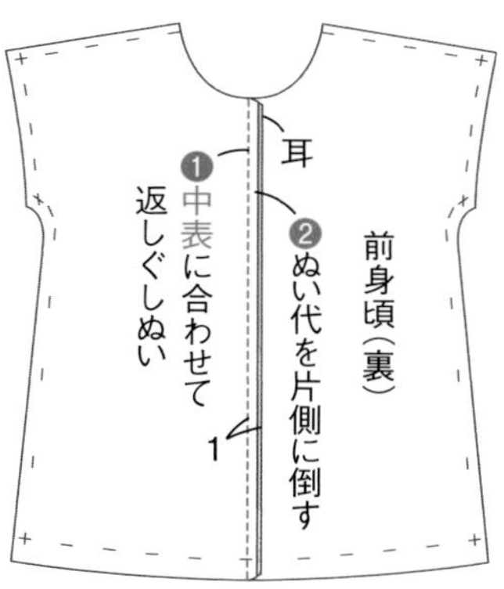
耳
❶中表に合わせて返しぐしぬい
1
❷ぬい代を片側に倒す
前身頃（裏）

2. 後ろ中心をぬう

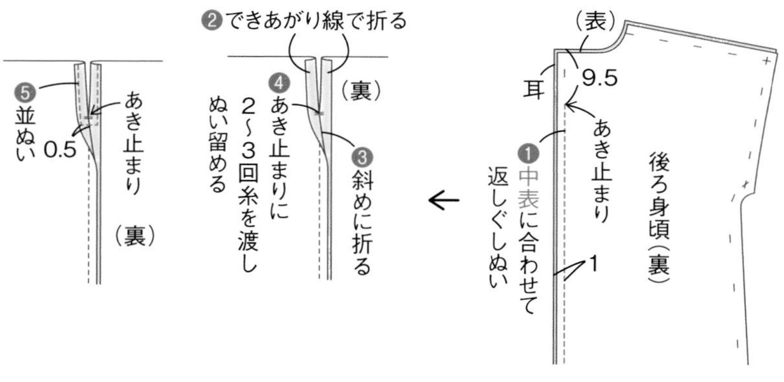
（表）
9.5
耳
あき止まり
❶中表に合わせて返しぐしぬい
1
後ろ身頃（裏）
❷できあがり線で折る
❸斜めに折る
❹あき止まりに2～3回糸を渡しぬい留める
（裏）
❺並ぬい
0.5
あき止まり
（裏）

3. 肩をぬう

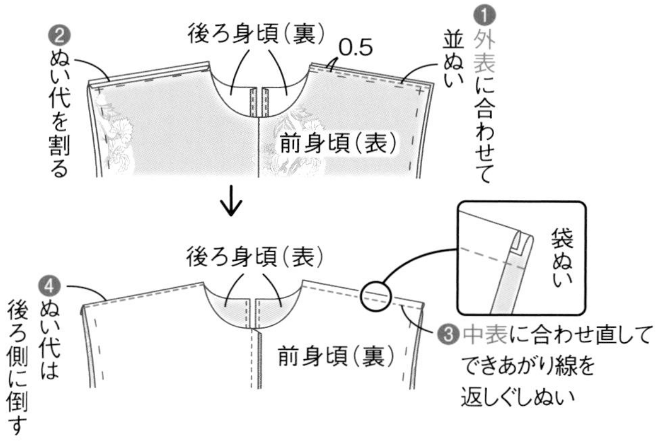
❶外表に合わせて並ぬい
0.5
後ろ身頃（裏）
❷ぬい代を割る
前身頃（表）
後ろ身頃（表）
袋ぬい
❸中表に合わせ直してできあがり線を返しぐしぬい
❹ぬい代は後ろ側に倒す
前身頃（裏）

4. えりぐりをバイアス布でくるむ

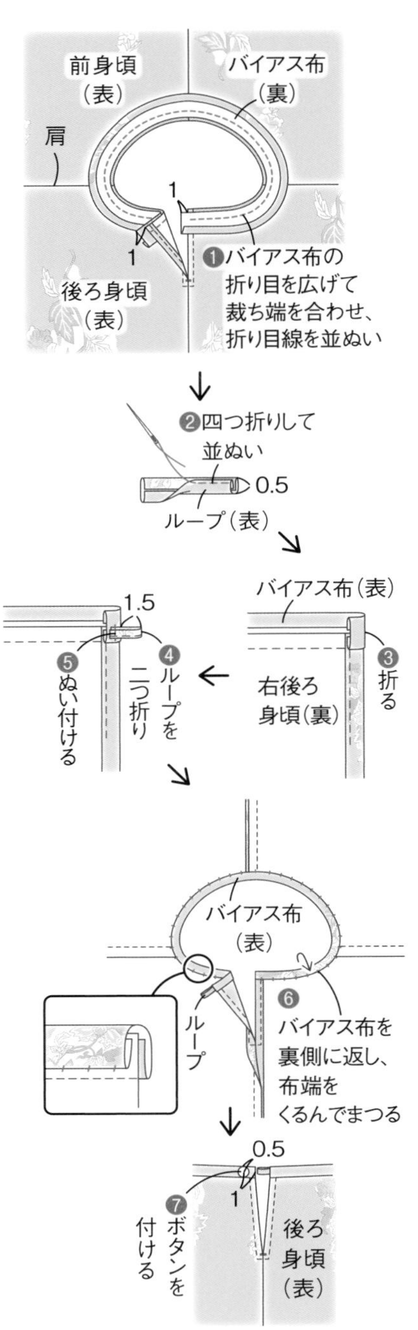

前身頃
（表）
バイアス布
（裏）
肩
1
1
後ろ身頃
（表）
❶バイアス布の
折り目を広げて
裁ち端を合わせ、
折り目線を並ぬい
❷四つ折りして
並ぬい
0.5
ループ（表）
1.5
❺ぬい付ける
❹ループを二つ折り
バイアス布（表）
右後ろ
身頃（裏）
❸折る
バイアス布
（表）
ループ
❻バイアス布を
裏側に返し、
布端を
くるんでまつる
0.5
1
❼ボタンを付ける
後ろ
身頃
（表）

5. 袖をぬう

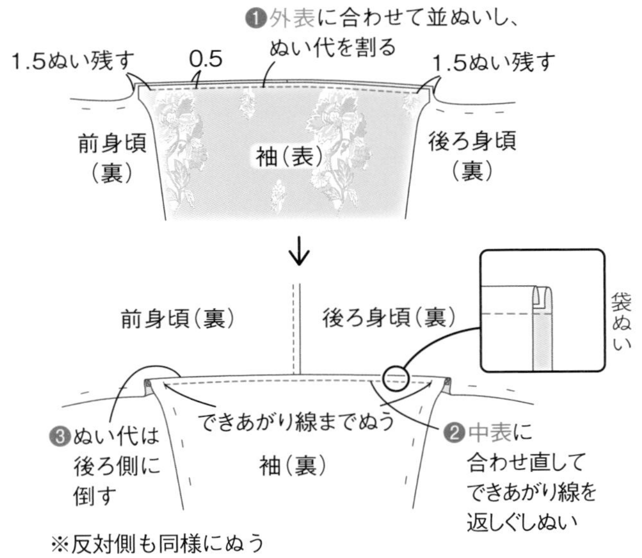

❶外表に合わせて並ぬいし、
ぬい代を割る
1.5ぬい残す
0.5
1.5ぬい残す
前身頃
（裏）
袖（表）
後ろ身頃
（裏）
前身頃（裏）
後ろ身頃（裏）
袋ぬい
❸ぬい代は
後ろ側に
倒す
できあがり線までぬう
❷中表に
合わせ直して
できあがり線を
返しぐしぬい
袖（裏）

※反対側も同様にぬう

6. 袖下、脇をぬう

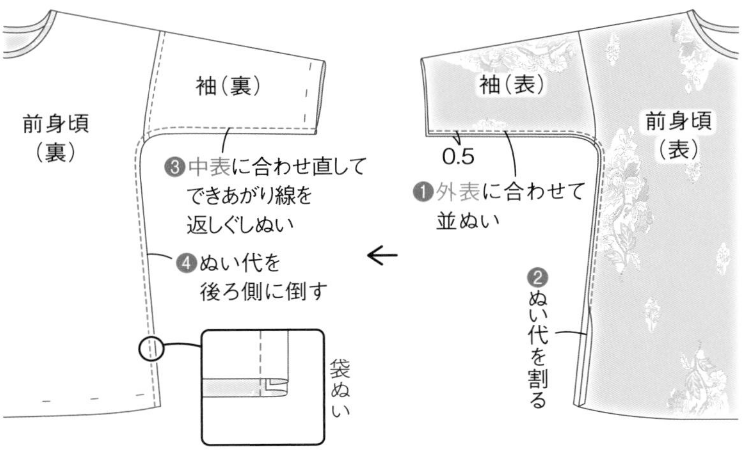

袖（裏）
前身頃
（裏）
❸中表に合わせ直して
できあがり線を
返しぐしぬい
❹ぬい代を
後ろ側に倒す
袋ぬい
袖（表）
前身頃
（表）
0.5
❶外表に合わせて
並ぬい
❷ぬい代を割る

※反対側も同様にぬう

7. 袖口、裾をぬう

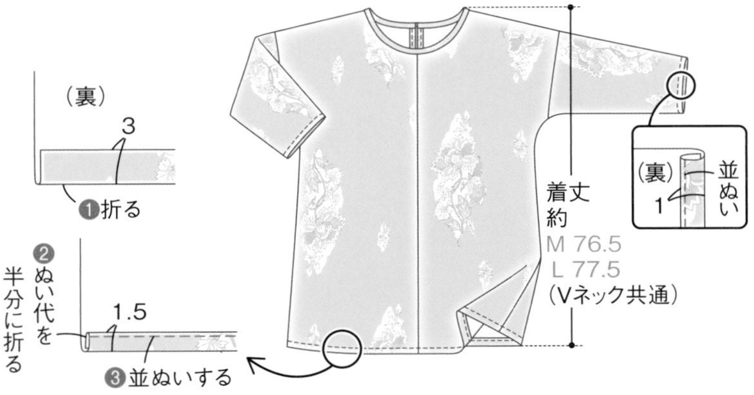

（裏）
3
❶折る
❷ぬい代を半分に折る
1.5
❸並ぬいする
着丈
約
M 76.5
L 77.5
（Vネック共通）
（裏）
並ぬい
1

バイアス布の作り方

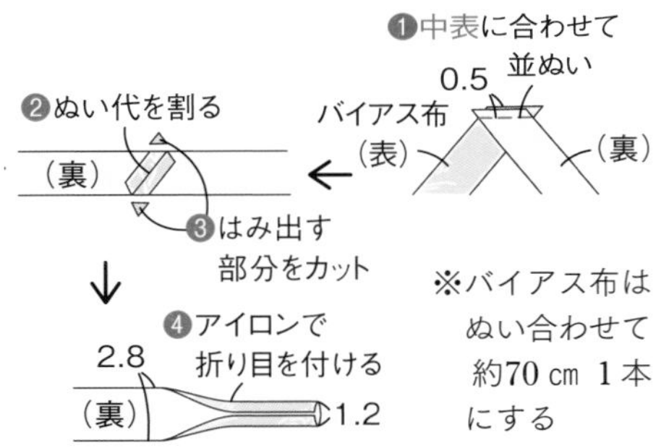

❶中表に合わせて
並ぬい
0.5
バイアス布
（表）
（裏）
❷ぬい代を割る
（裏）
❸はみ出す
部分をカット
❹アイロンで
折り目を付ける
2.8
（裏）
1.2

※バイアス布は
ぬい合わせて
約70 cm 1本
にする

Vネックのブラウスの作り方は、
1・2・4以外はラウンドネックと同じです。
ぬい方の異なるところを説明します。

1.　前中心をぬう

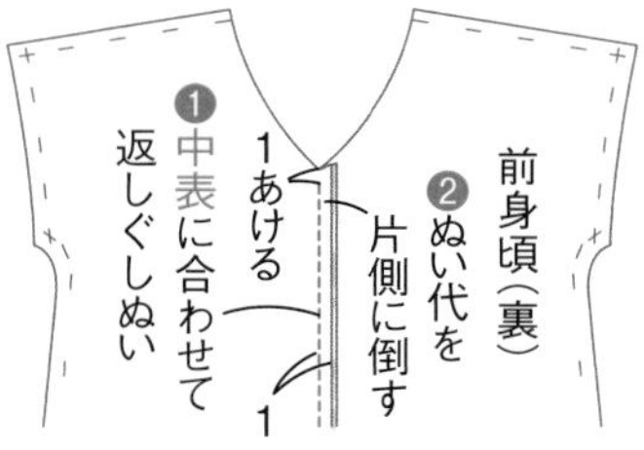
前身頃（裏）
❷ぬい代を片側に倒す
1あける
❶中表に合わせて返しぐしぬい
1
1

2.　後ろ中心をぬう

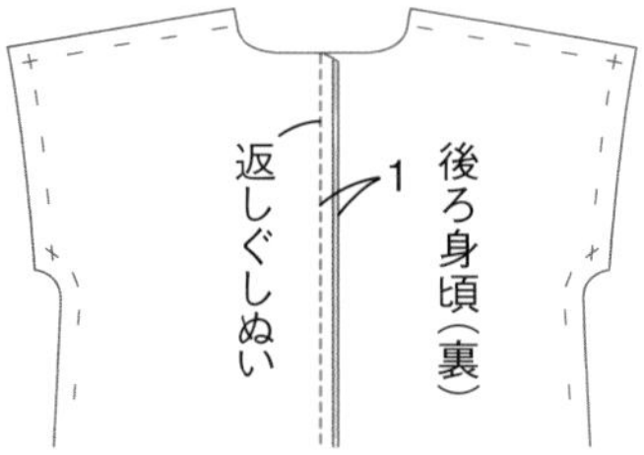
後ろ身頃（裏）
1
返しぐしぬい

4.　えりぐりをバイアス布でくるむ

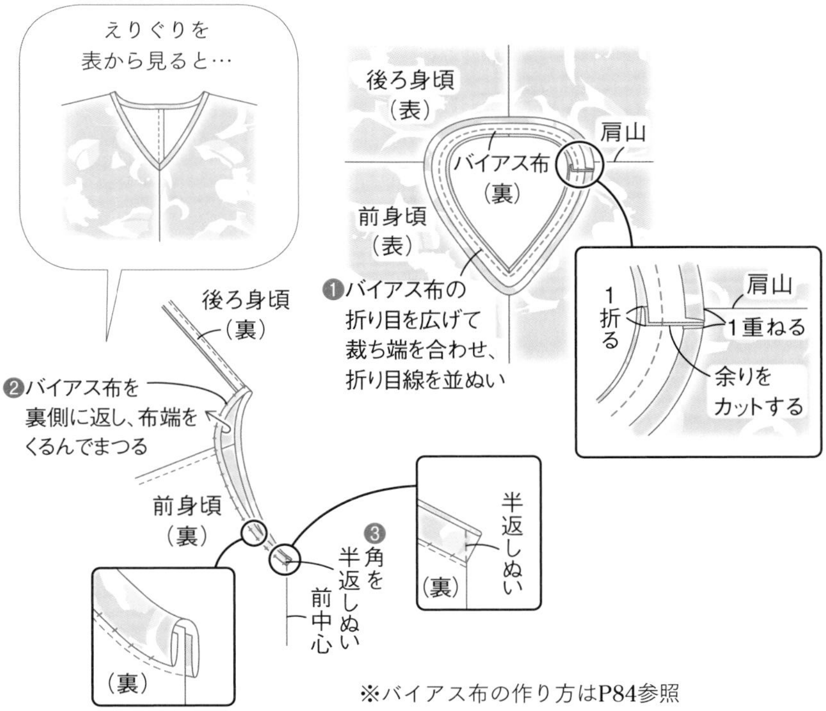
えりぐりを表から見ると…
後ろ身頃（表）
バイアス布（裏）
肩山
前身頃（表）
❶バイアス布の折り目を広げて裁ち端を合わせ、折り目線を並ぬい
1折る
肩山
1重ねる
余りをカットする
後ろ身頃（裏）
❷バイアス布を裏側に返し、布端をくるんでまつる
前身頃（裏）
❸角を半返しぬい
前中心
半返しぬい
（裏）
（裏）

※バイアス布の作り方はP84参照

型紙の使い方

実物大型紙の使い方を順を追って説明します。

型紙を作る

❶ 作品の線を選ぶ

作品名から型紙線を選びます。前身頃、後ろ身頃、袖などパーツが複数あるので不足しているパーツがないか確認します。

❷ サイズを選ぶ

サイズを選べる作品は、各ページにある**サイズ表を参考に自分の線を選びます**。下は「ゆったりシルエットのチュニック」(P64)の例。身長とバストの寸法から裾と脇線を選べます。身長160cmの場合は裾線が赤に。自分のサイズの**線をマーカーなどでなぞる**と分かりやすくなります。

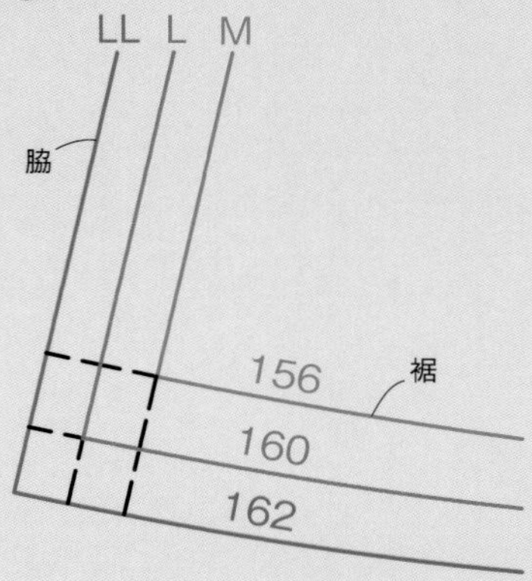

LL
L
M
脇
156
裾
160
162

サイズ表

	M	L	LL
身長	156	160	162
バスト	84	92	100

※単位=cm

❸ 線を薄紙に写す

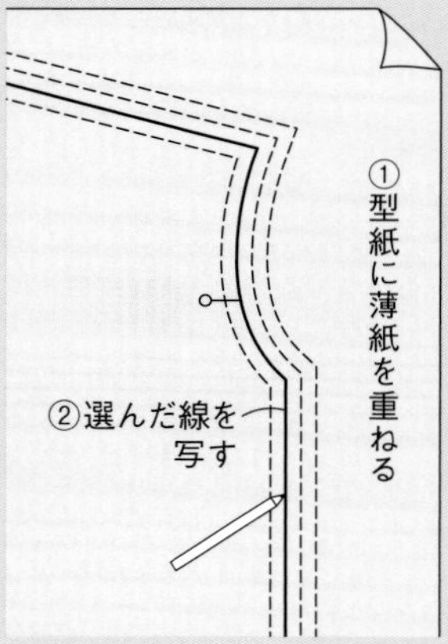

①型紙に薄紙を重ねる
②選んだ線を写す

実物大型紙の上にハトロン紙などの薄紙を重ね、ずれないように重しをして、選んだ線を写します。写した線を切った紙が型紙になります。

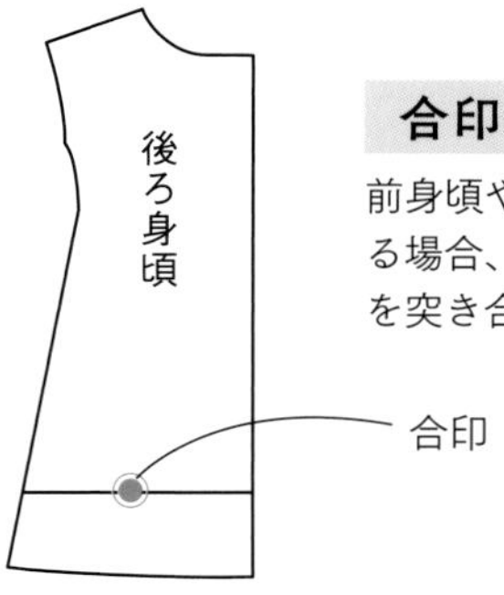

後ろ身頃
合印

合印のある型紙

前身頃や後ろ身頃に合印がある場合、図のように印どうしを突き合わせて1枚にします。

きもの地を裁つ

❹ きものをほどく

まず使うきものをほどいて下のような四角い布に戻します（ぬい目のほどき方はP72参照）。写真はほどいたきものの身頃とおくみ。

身頃

おくみ

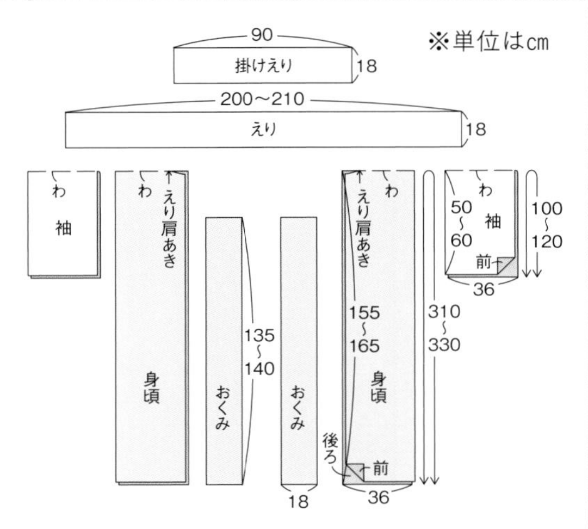
※単位はcm
90
掛けえり
18
200～210
えり
18
わ
袖
わ
えり肩あき
身頃
135～140
おくみ
おくみ
18
えり肩あき
わ
155～165
身頃
後ろ
前
36
310～330
わ
50～60
袖
前
100～120
36

❺ 型紙を布に重ねて線を描く

❸で作った型紙をきもの地にのせ、ずれないようにまち針で留めてから、**チャコペンで布にできあがり線とぬい代を描きます。**

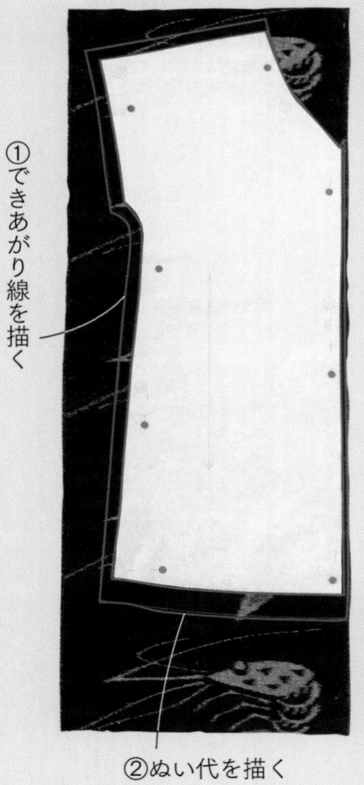
①できあがり線を描く
②ぬい代を描く

❻ ぬい代を付けて裁つ

必要な**ぬい代を付けて**きもの地を裁ちます（ぬい代は各ページの裁ち方図参照）。

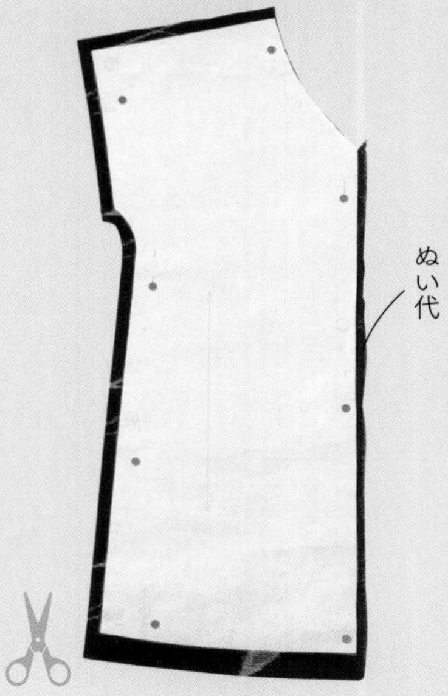
ぬい代

❼ 裁てました！

❺❻の手順で必要なパーツを全て裁ち、全てそろったら、各ページにある作り方の手順でぬっていきましょう。

きものリメイクの基礎

道具やぬい方など、きもののリメイクを楽しむための基本をご紹介します。

手元にそろえたい道具

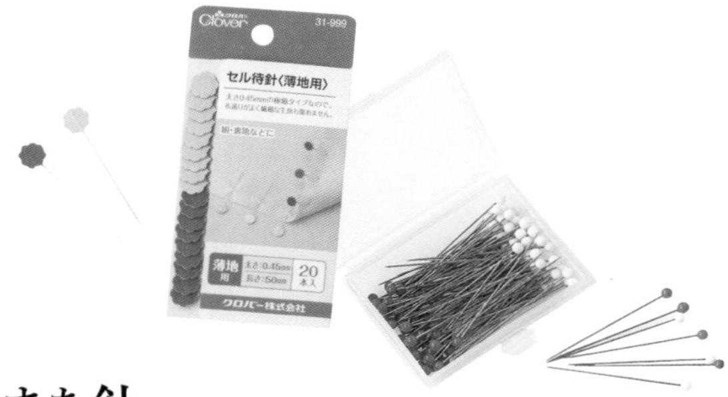

まち針

布通りがよく、針跡が目立たないものがよい。左は太さ0.45㎜の超極細タイプ。長いので布をまとめて留めるときに便利。右は太さ0.5㎜の極細タイプ。

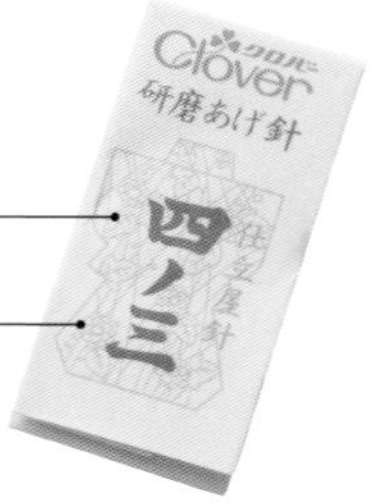

上の数字は針の太さを表す。「四」は細めの絹針、「三」はやや太めの木綿針。

下の数字は針の長さを表す。「三」は長さ39.4㎜で普通。「二」、「一」と数字が小さくなるほど短く、「三半」「四」と大きくなるほど長くなる。

手ぬい針

薄地から普通地まで使えて、布通りがよくぬいやすい細めの絹針。長さは使いやすいものを選ぶ。

手ぬい糸

丈夫でぬいやすいポリエステルの手ぬい専用糸。手ぬいに適した右撚りの糸なので、よじれにくく滑らかなぬい心地。ボビンやカード台紙に巻いたタイプなどがある。きもの地に合う色を選ぶ。

裁ちばさみ

布を裁つときの専用はさみ。シャープな切れ味を長く保つために、紙などは切らない方がよい。

糸切りばさみ

糸を切るときやぬい目をほどくときに使う。細かい作業には手芸用はさみも便利。

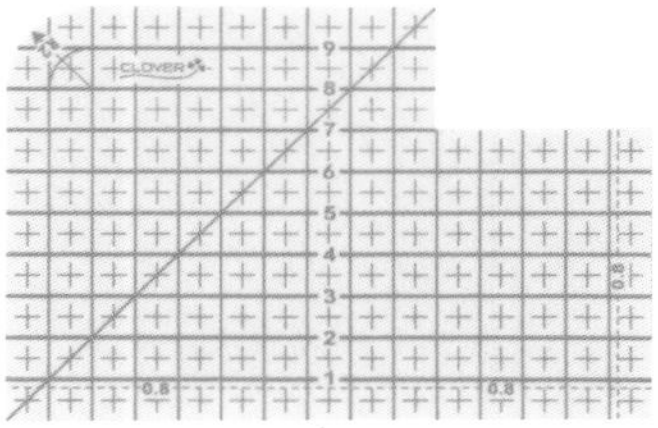

アイロン定規

布をまっすぐに折り返す際に使う。布の上に置き、定規の目盛りに合わせて布を折り、上からアイロンをかけて折り目を付けられる。

ピンクッション

針やまち針を刺しておく針山。お気に入りのきものの端切れで手作りしても楽しい。

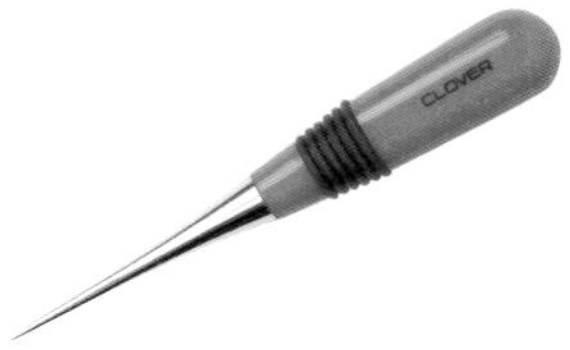

目打ち

布目を整えたり、糸をほどく際に使う。

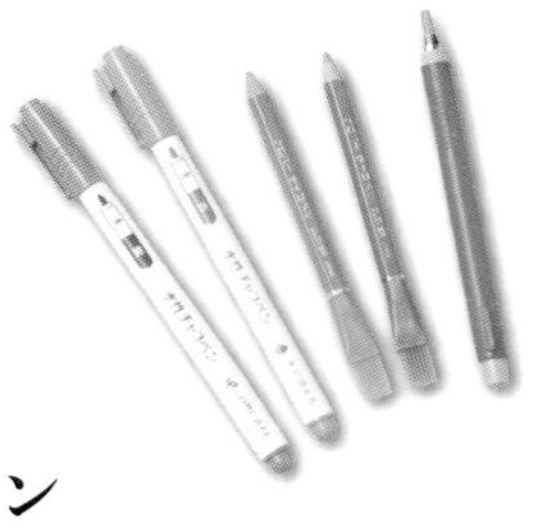

チャコペン

きもの地にできあがり線などを写すペンシル型のチャコ。水で消えるもの、時間が経つと消えるものがある。

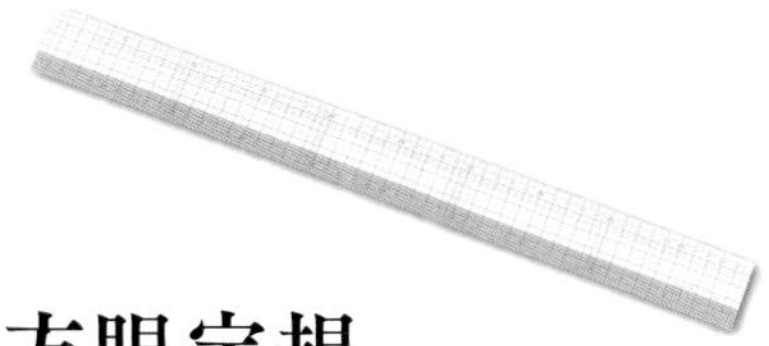

方眼定規

方眼の線が入っているので、ぬい代の印を付けたりバイアス布を作るときに役立つ。

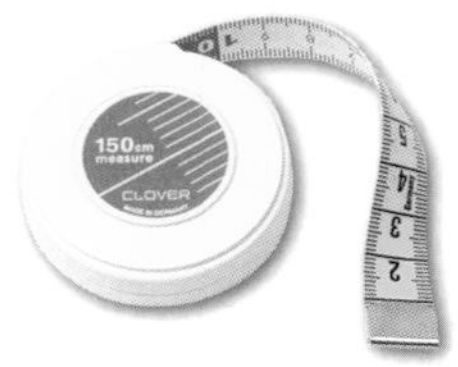

メジャー

採寸や曲線の長さを測るときに使う。150㎝以上ある、目盛りの読みやすいものがよい。

ひも通し

スカートのウエストなどに、15㎜幅以上のゴムテープやひもを通す道具。クリップ式で使い方も簡単。

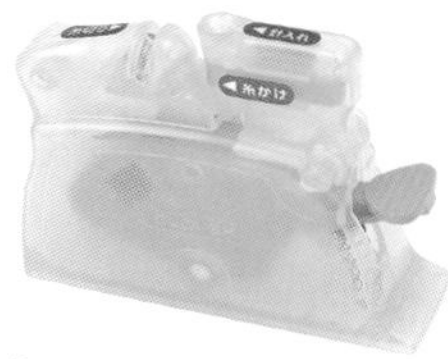

糸通し

右側のボタンを押すだけで針穴に糸を通せる「デスクスレダー」。作業効率がアップする。

使い方➡P90

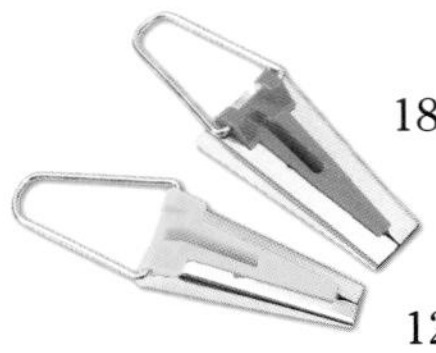

テープメーカー

えりぐりなどの仕上げに使うバイアス布（布目に対して45度に裁った細い布。伸縮性がある）を作る道具。簡単に手間なく布にきれいな折り目が付く。

使い方➡P90

よく使う言葉

〈わ〉

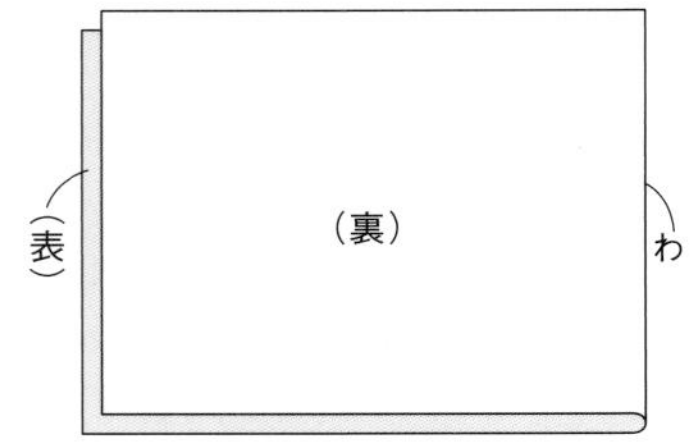

布地を二つに折ったときにできる部分。こうすると左右対称の身頃などを片方分で裁断できる。

〈中表〉

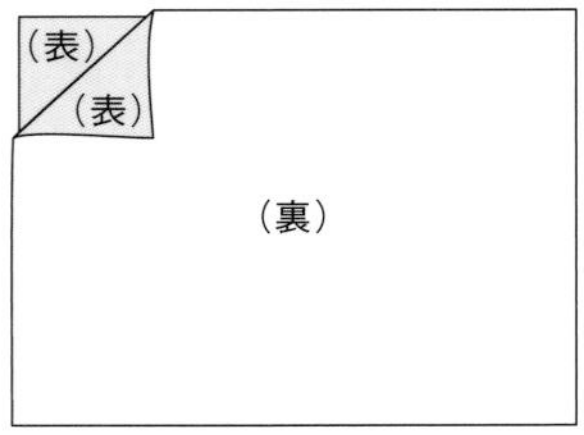

布地の表面と表面を内側に合わせること。本書では「中表」と赤い文字で表記。

〈外表〉

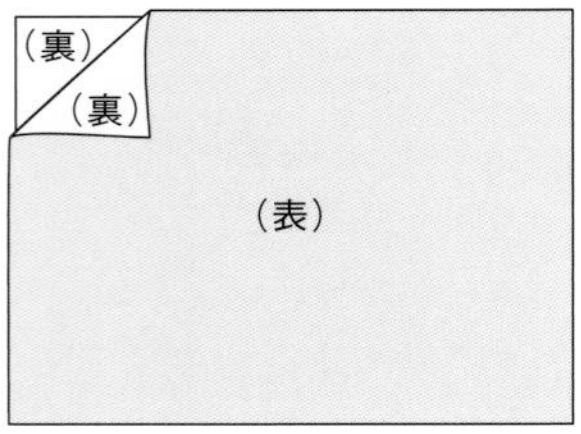

布地の裏面と裏面を内側に合わせること。本書では「外表」と青色の文字で表記。

道具の使い方

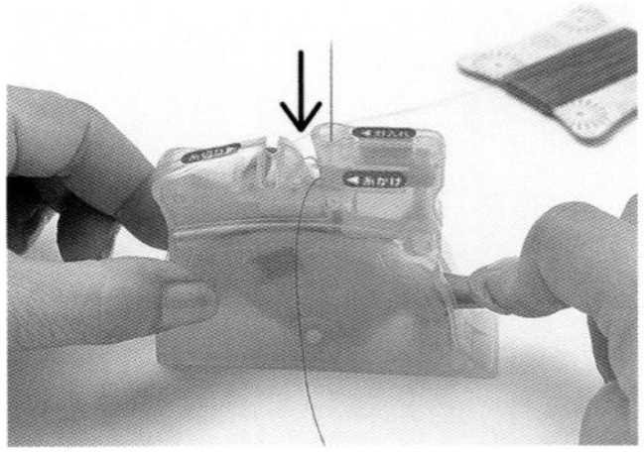

糸通し

糸を中央の溝にかけ、針穴を所定の位置にセットする。ボタンを押せば糸が通る。

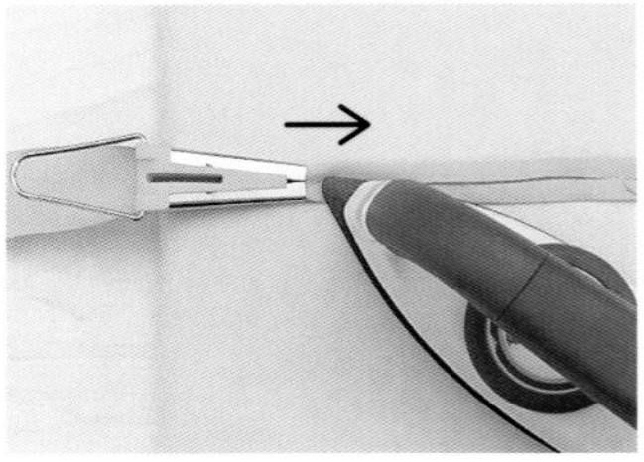

テープメーカー

バイアス布（作り方はP95参照）をテープメーカーに入れ、針などで出し口まで押し出し、ゆっくり引き出しながらアイロンで折り目を付ける。

まち針の打ち方

針先をぬい代側に向け、ぬう方向に対して直角に打つ。

リメイクのコツ

糸はぬいやすい長さで

糸は、針を持って肘を曲げたときに、肘から約15㎝ほど長いくらいがぬいやすい。長すぎるとぬいにくくなる。

爪アイロンで折り目をつける

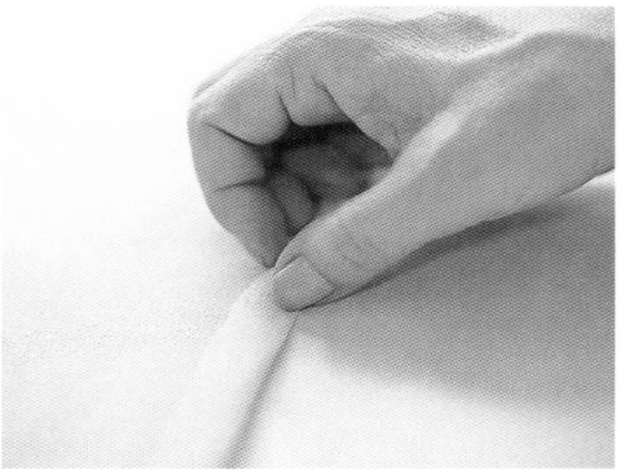

二つ折り、三つ折りの折り目や、ぬい代を割るときに、親指の爪を布に当てて、折り目に沿って爪を動かしながら折り目を付ける。

ぬい始めと
ぬい終わり

ぬい始め

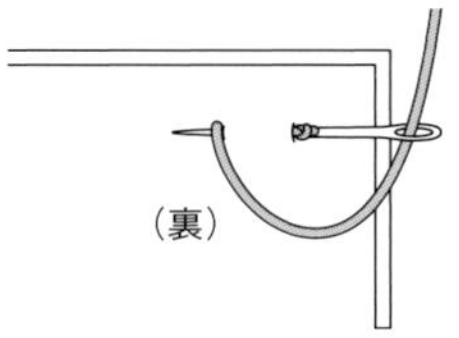

❶ひと針ぬい、針を最初の玉結びに戻してひと針返しぬいをする。

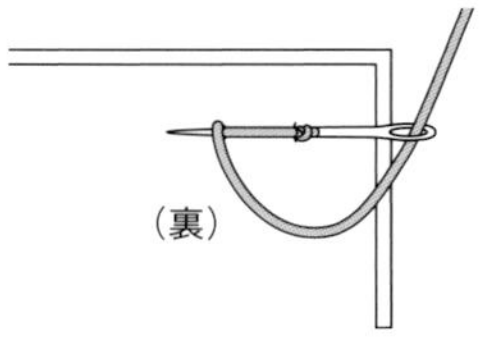

❷もうひと針返しぬいをする。

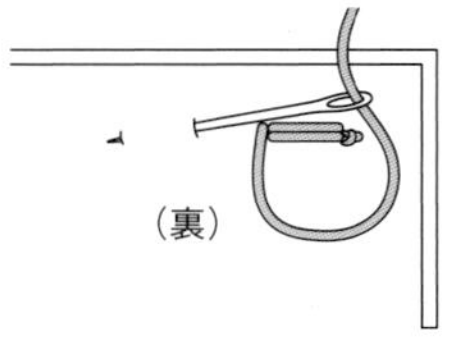

❸ぬい進める。

玉結びのしまい方

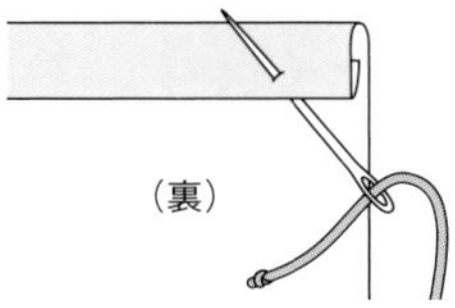

❶ひと針分先にぬい代の内側から針を出す。

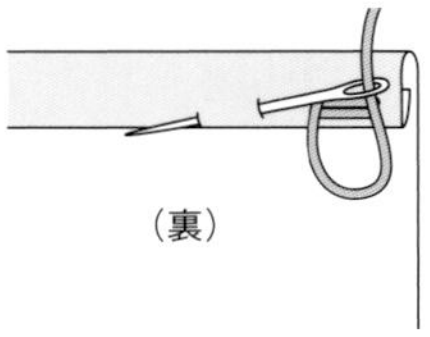

❷ふた針返して、ぬい進める。

ぬい終わり

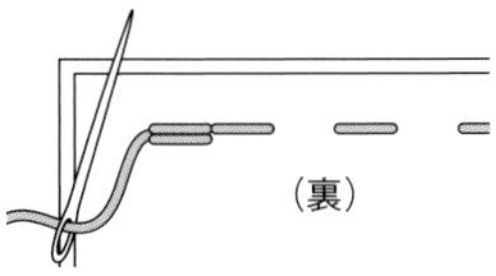

❶ぬい終わりの糸をふた針返す。

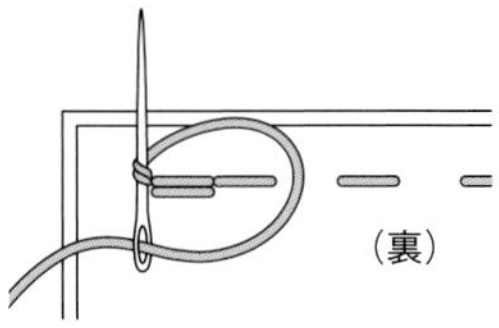

❷ぬい終わりの糸を針先に2〜3回巻き付け、巻いたところを指先で押さえて、糸を抜く（玉留め）。

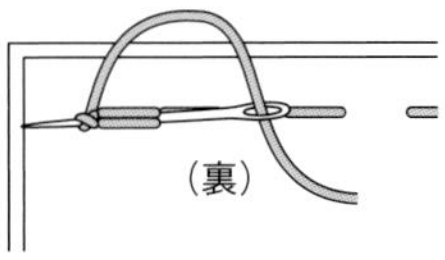

❸ひと針返して糸を切る。

玉留めのしまい方

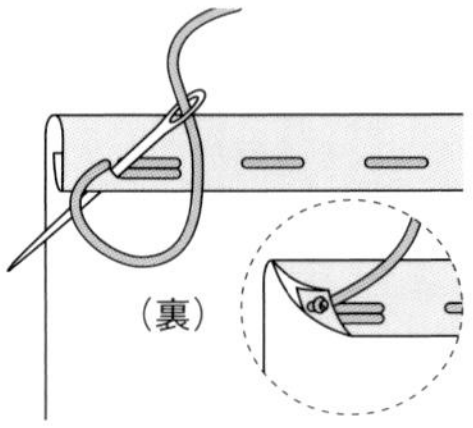

❶ふた針返しぬいをしたら、針をぬい代の内側に出して玉留めをする。

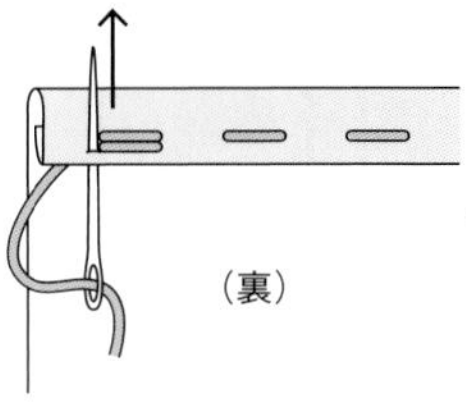

❷表側に針を出して、糸を切る。

〈二つ折り〉

布端を折り返すこと。耳を使うときなどはこれでほつれない。本書で「折る」と書かれているときはこの方法で。

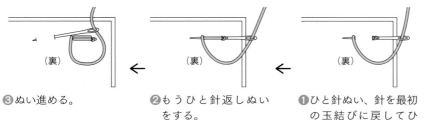

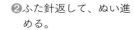

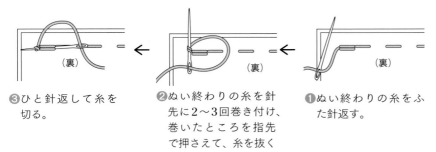

〈三つ折り〉

布端を内側に三つに折って重ねること。裾や袖口などを仕上げるときに使う。

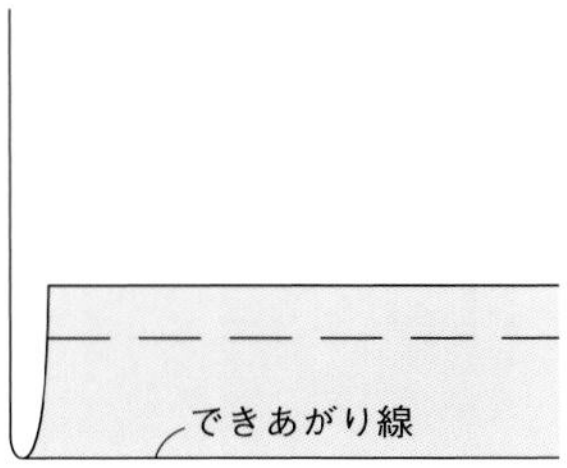

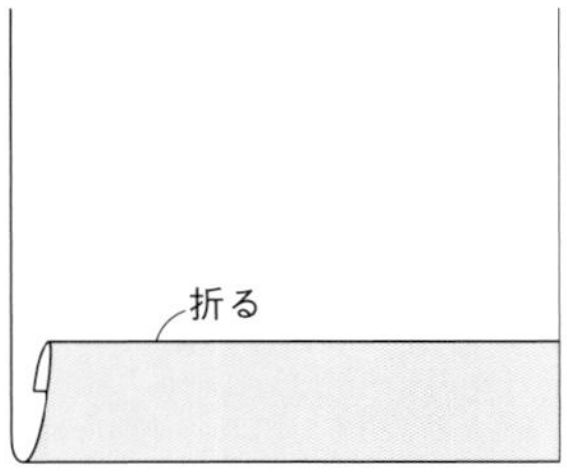

布の
ぬい合わせ方

※単位はcm

並ぬい

布をぬい合わせる際に使う、いちばん基本的なぬい方。

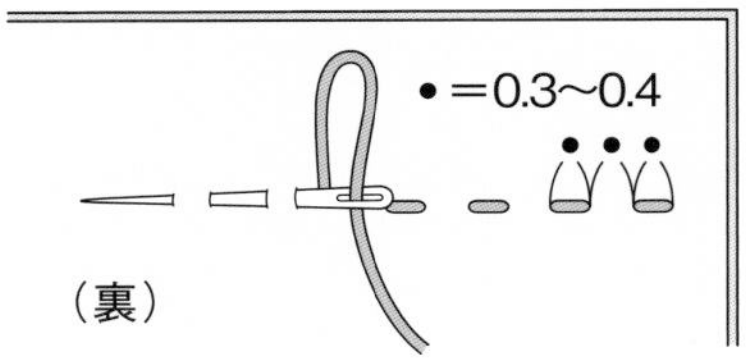

手ぬいの基本。
ちくちくリズミカルに針を動かす。

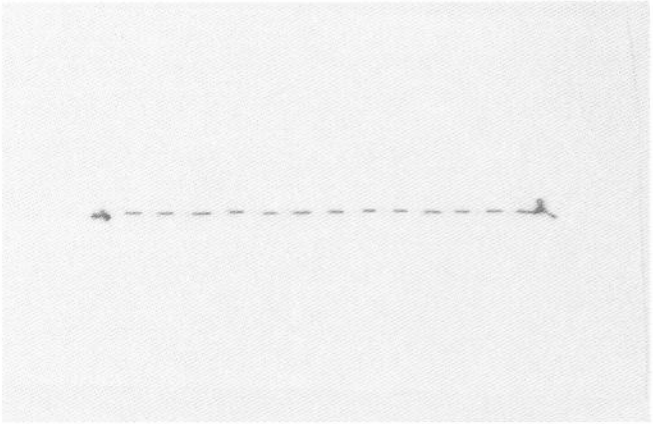

裏

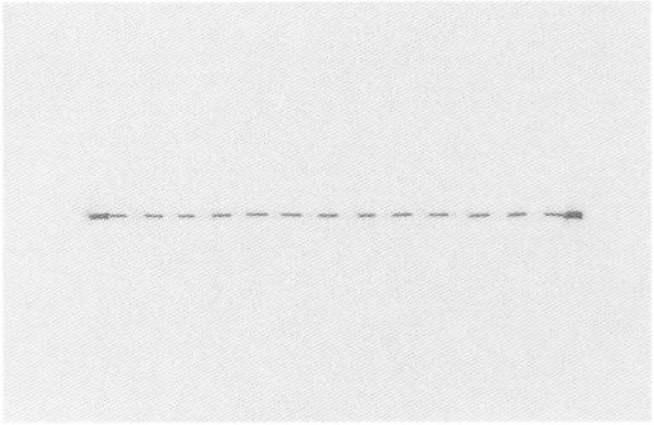

表

返しぐしぬい

しっかり丈夫に仕上げたいところや、ぬい始めとぬい終わりなどに使う。

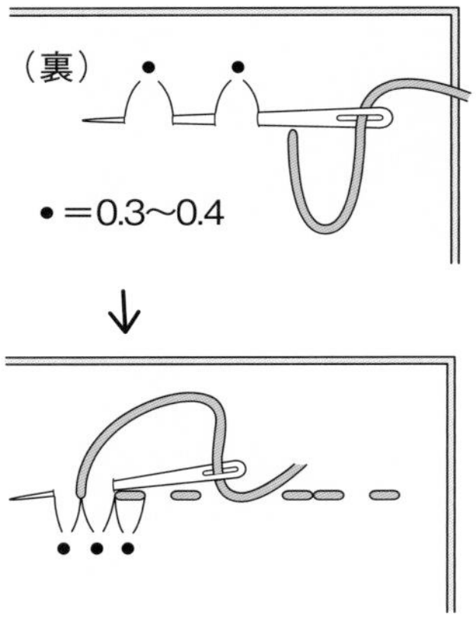

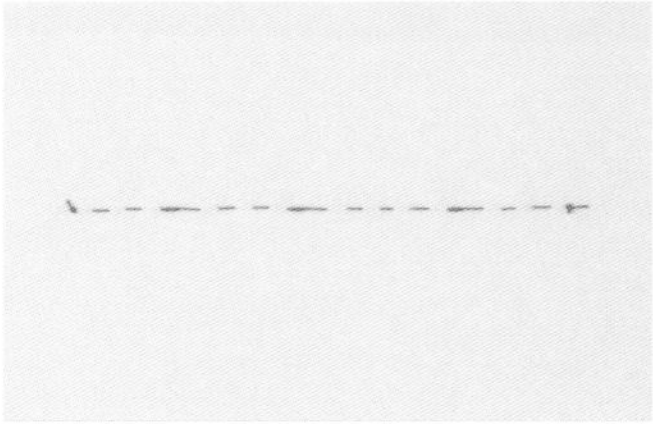

裏

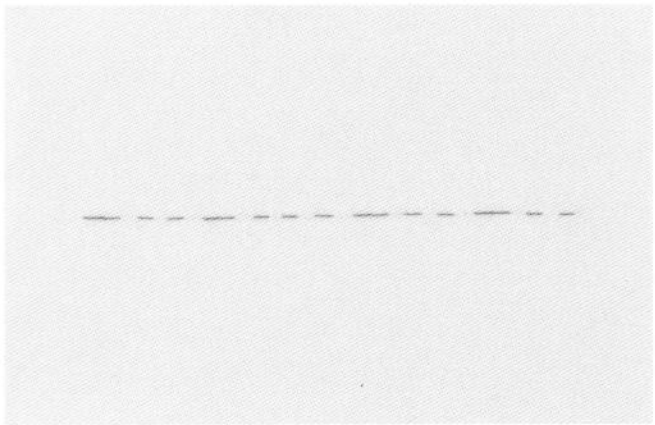

表

2、3針並ぬいしたら、ひと針戻ってぬう。

半返しぬい

しっかり丈夫に仕上げたい箇所に使う。

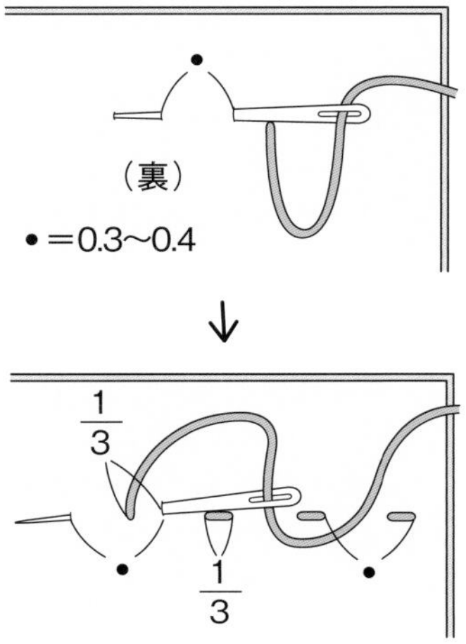

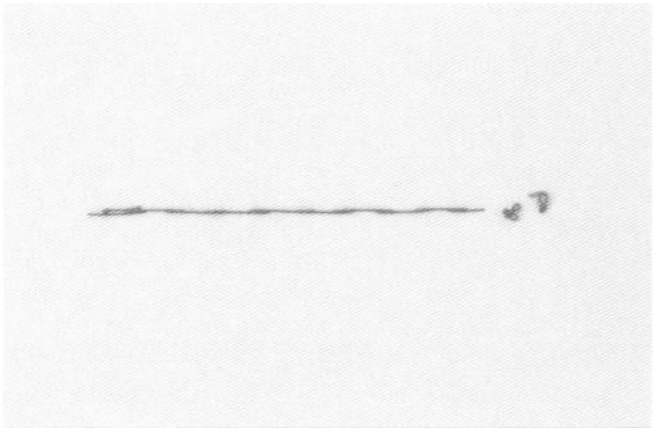

裏

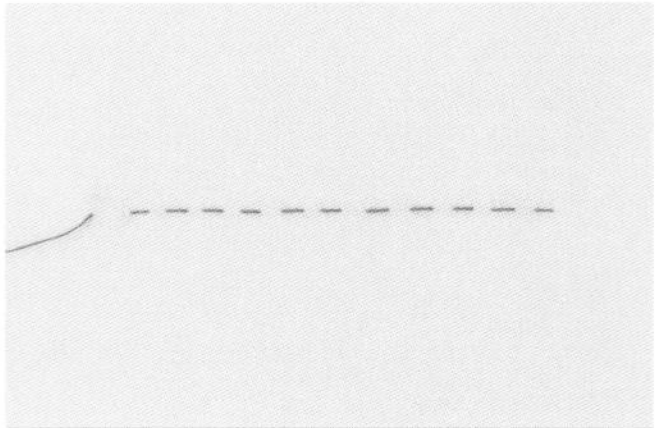

表

ひと針ぬったら、半目分戻してぬうことをくり返す。

仕上げ方

たてまつり

表側にぬい目が目立たないぬい方。バイアス布を付けるときなどに使う。

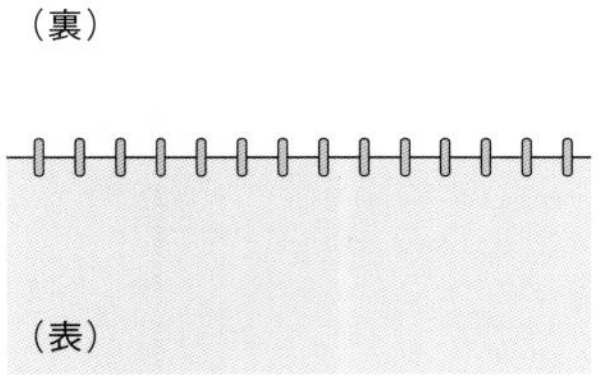

❷糸が直角に渡る。

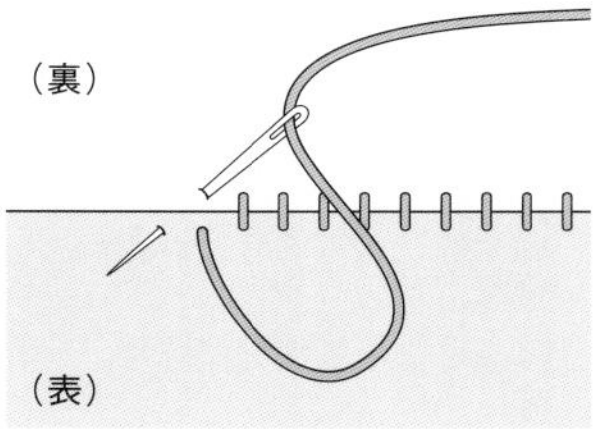

❶折り山の内側から針を出し、糸のすぐ上の表布を小さくすくうことをくり返す。

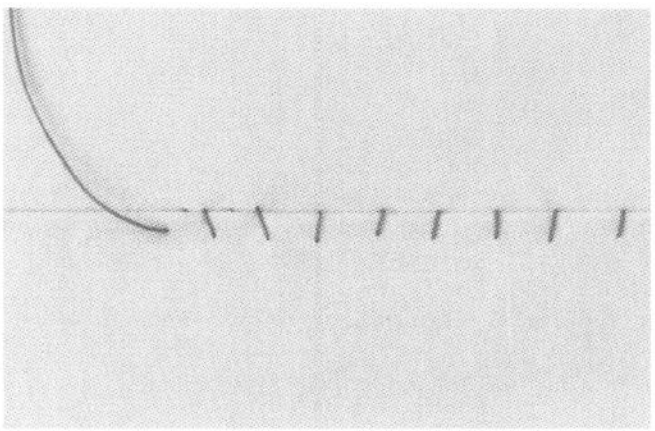

表

まつりぬい

折り山をぬい留めるときの基本的なぬい方。

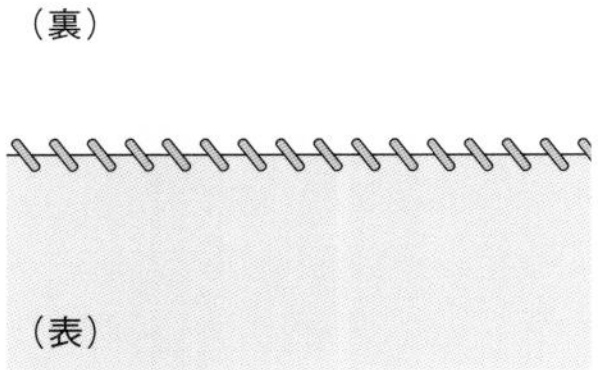

❷糸が斜めに渡る。

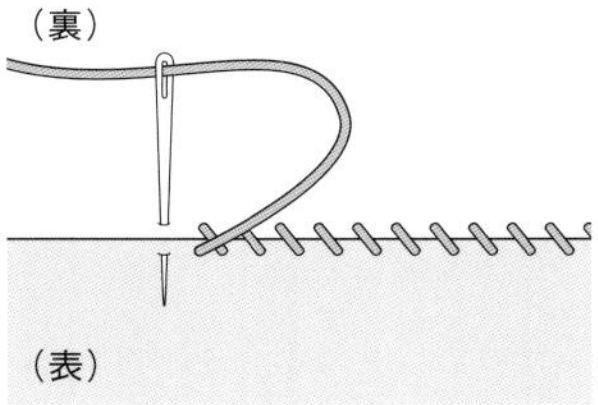

❶折り山の内側から針を出し、表布を小さくすくうことをくり返す。

コの字まつり

ぬい目が表裏面ともに見えないぬい方。袖下をぬうときなどに使う。

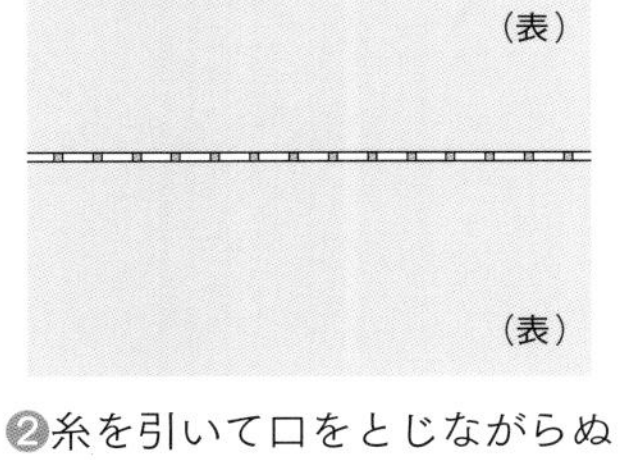

❷糸を引いて口をとじながらぬい進める。ぬい上がるとぬい目は出ない。

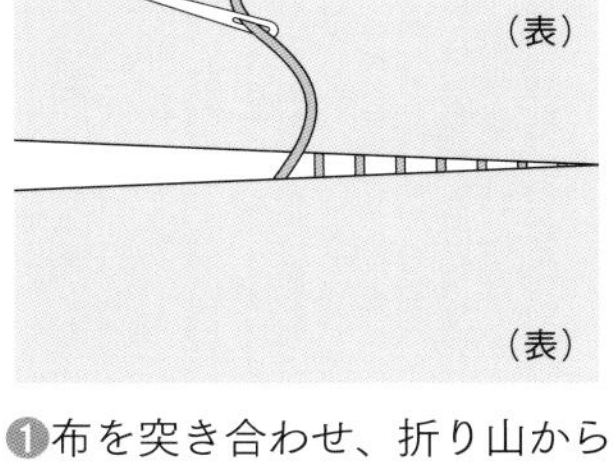

❶布を突き合わせ、折り山から出した糸を等間隔にコの字に渡しながら、折り山をすくっていく。

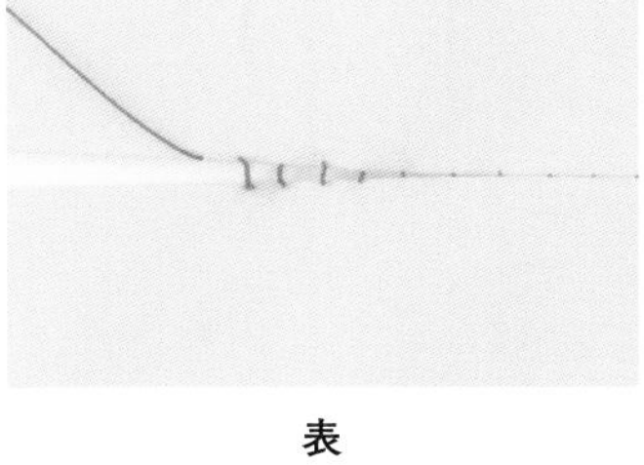

表

ぬい代の仕上げ方

※単位はcm

折り伏せぬい

片側のぬい代をもう一方のぬい代でくるんでぬう。脇や袖下をぬう際に使う。

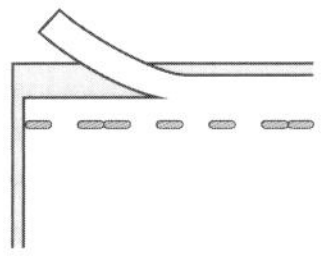

❶布を中表に合わせて返しぐしぬいし、ぬい代の1枚（肩や脇の場合は後ろ側）を半分に裁つ。

↓

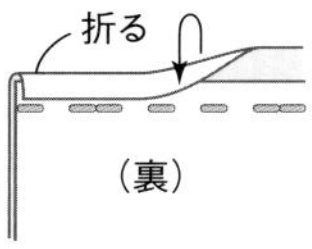

❷幅の広い方のぬい代を、かぶせるように折る。

↓

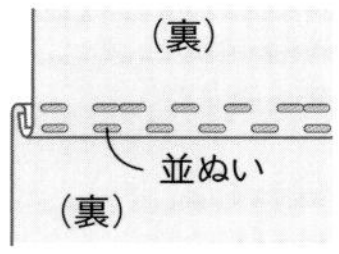

❸ぬい代を後ろに倒し、端を並ぬいで押さえる。

袋ぬい

布を二度ぬって、ぬい代を袋状にする。肩や脇をぬう際に使う。

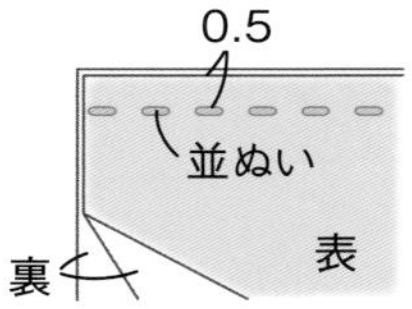

❶布を外表に合わせ、並ぬいする。

↓

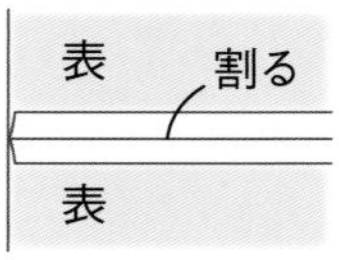

❷ぬい代を爪アイロンで割る。

↖

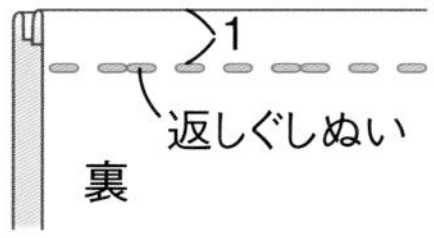

❸中表に合わせ直し、返しぐしぬい(P92)する。

↓

❹ぬい代は片側に倒す。表からはぬい目が見えない。

割り伏せぬい

ぬい代を両側に折り込んでぬう。パンツの股下などをぬう際に使う。

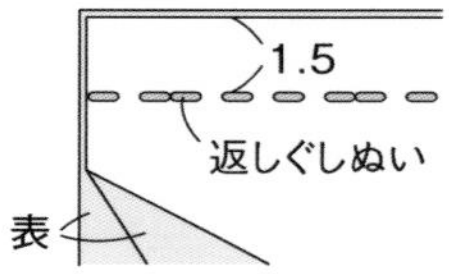

❶布を中表に合わせ、返しぐしぬいする。

↓

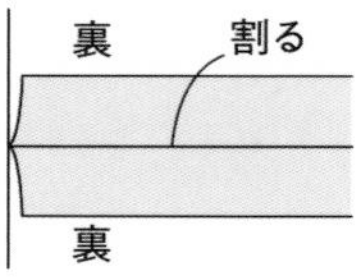

❷ぬい代を爪アイロンで割る。

↖

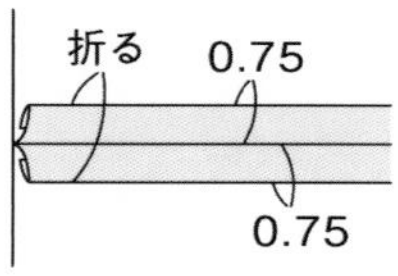

❸ぬい代の幅の半分を折り込む。

↓

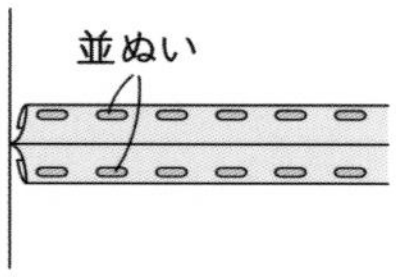

❹ぬい代の端を並ぬいで押さえる。

↘

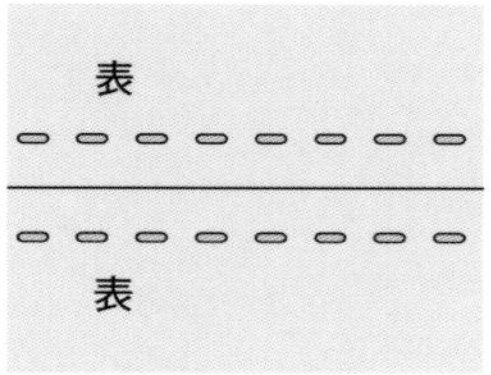

❺表には並ぬいのステッチが2本出る。

バイアス布の作り方

※単位はcm

布を裁つ

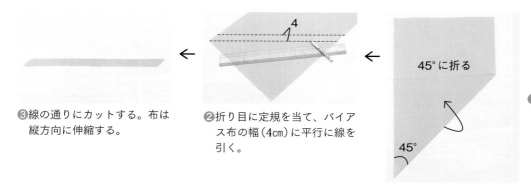

③線の通りにカットする。布は縦方向に伸縮する。

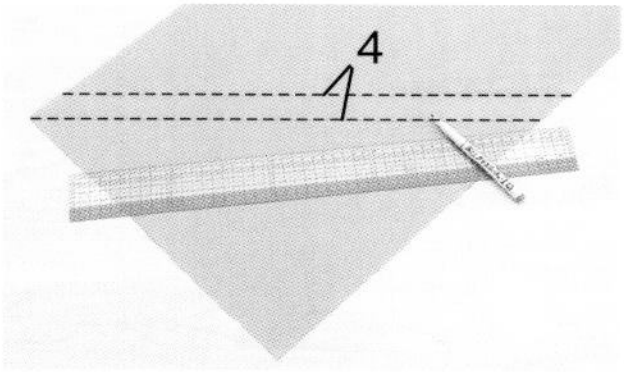

4

②折り目に定規を当て、バイアス布の幅（4cm）に平行に線を引く。

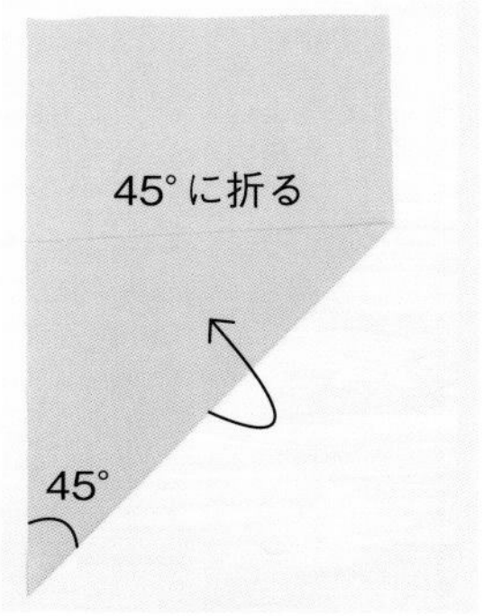

45°に折る
45°

①バイアス布は、えりぐりなどを仕上げる際に使う、斜め45度方向に裁った伸縮性のある布のこと。まずきもの地を45度に折る。

ぬい合わせる

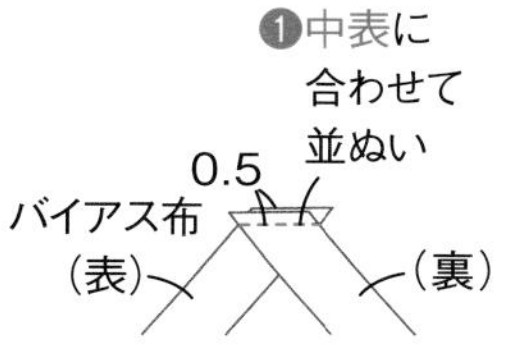

①中表に
合わせて
並ぬい
0.5
バイアス布
（表）
（裏）

④❸でカットした布を必要な長さ（えりぐりなら、えりぐりの寸法＋ぬい代＋ゆとり）にぬい合わせる。端を図のように中表に合わせて並ぬいする。

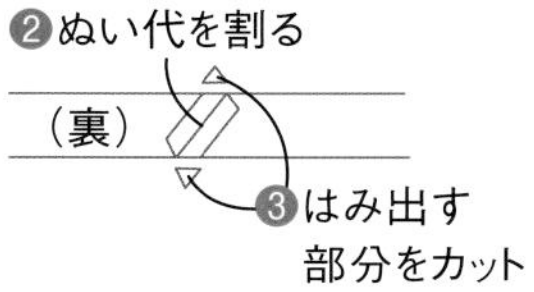

②ぬい代を割る
（裏）
③はみ出す
部分をカット

⑤ぬい代を割り、余分を裁ち落とす。

折り目を付ける

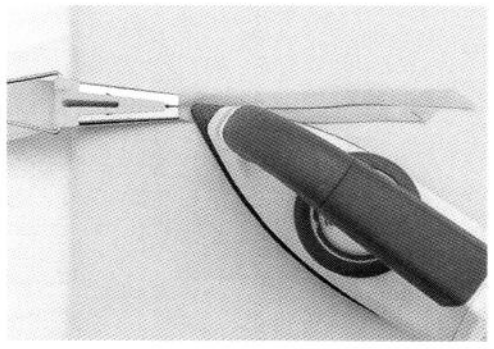

⑥テープメーカーを使って折り目を付ける。テープメーカーがない場合はアイロンで折り目を付ける。

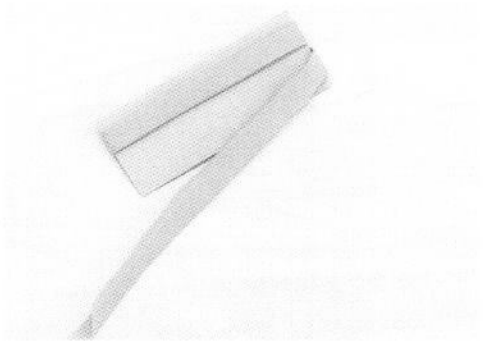

⑦バイアス布の完成。できあがったら、厚紙などに巻いておくと使いやすい。

バイアス布のくるみ方

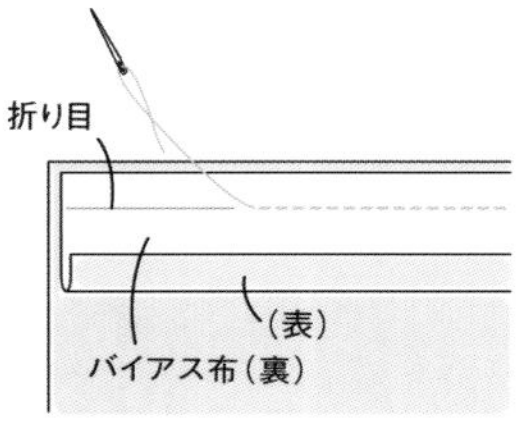

折り目
（表）
バイアス布（裏）

①バイアス布の折り目を広げ、布と中表に合わせて折り目に沿って並ぬいする。

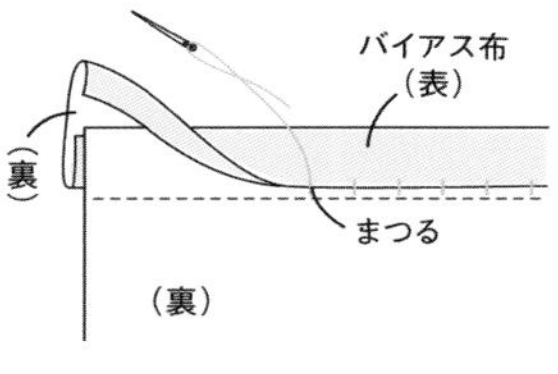

バイアス布
（表）
（裏）
まつる
（裏）

②バイアス布を折り返して布端をくるみ、折り目を折り直して、表側にぬい目が出ないようにたてまつり（P93）でぬう。

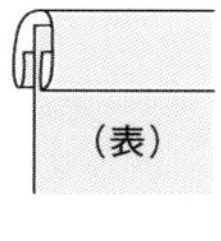

（表）

幅は2種類

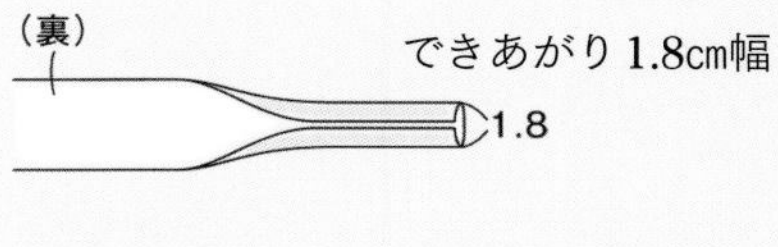

（裏）
できあがり 1.8cm幅
1.8

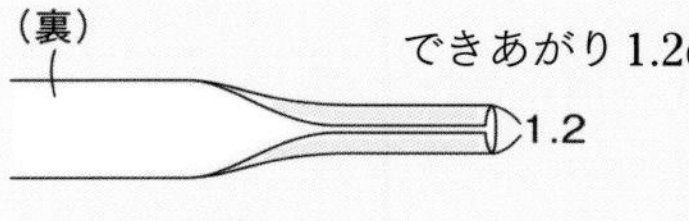

（裏）
できあがり 1.2cm幅
1.2

市販のバイアス布

市販のバイアス布を使って、布端を仕上げることもできる。きもの地の色に合わせて色を選んで使う。

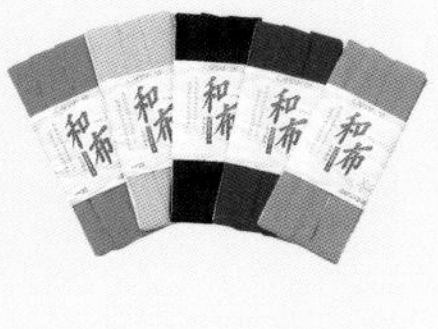

高《たか》橋《はし》恵《え》美《み》子《こ》

東京・青山に生まれる。文化服装学院ハンディクラフト科を卒業後、
初めて手づくりをする人のためのやさしい手ぬいを提案する手芸家として
40年以上にわたり活躍。「日本手ぬい普及協会」を主宰。
手ぬいのための道具や布など商品の企画開発も手がける。
東京、名古屋で手ぬい教室を開講。著書は120冊以上。
http://www.emico-co.com

デザイン　ohmae-d（中川　純）
撮影　中島繁樹
スタイリング　石井あすか
岡部久仁子（P66～67）
川村繭美（P70～71）
ヘアメイク　成澤宏人
木村智華子（P70～71）
モデル　寺田椿
熊田マリエスター（P66～67、70～71）
作り方解説　安藤明美
作品制作　アトリエAmy（安藤明美、栗原弘子、水野法子、関かおり
野口麗加、小木曽雅恵、角谷美和、小倉智恵子）
作図　比護寛子
作り方イラスト　たまスタヂオ
実物大型紙トレース　ウエイド
校正　麦秋アートセンター
編集　飯田充代

提供　〈用具〉クロバー株式会社
☎06-6978-2277（お客様係）
〈手ぬい糸〉株式会社フジックス
☎075-463-8112
〈布〉下川織物（久留米絣）
☎0943-22-2427

手《て》ぬいでかんたん、ほどかずできる
きものリメイク

2023年3月24日　初版発行

著者／高《たか》橋《はし》恵《え》美《み》子《こ》
発行者／三宅 明
発行／株式会社毎日が発見
〒102-8077 東京都千代田区五番町3-1　五番町グランドビル2階
電話　03-3238-5473（内容問い合わせ）
https://mainichigahakken.net/

発売／株式会社KADOKAWA
〒102-8177 東京都千代田区富士見2-13-3
電話　0570-002-008（購入・交換窓口）

印刷・製本　大日本印刷株式会社

ISBN978-4-04-000713-7　C0077